AF202503

Tucholsky Wagner Zola Scott Sydow Freud Schlegel
Turgenev Wallace Fonatne

Twain Walther von der Vogelweide Fouqué Friedrich II. von Preußen
Weber Freiligrath Frey

Fechner Fichte Weiße Rose von Fallersleben Kant Ernst Richthofen Frommel

Engels Fielding Hölderlin
Fehrs Faber Flaubert Eichendorff Tacitus Dumas

Feuerbach Maximilian I. von Habsburg Fock Eliasberg Zweig Ebner Eschenbach
Ewald Eliot Vergil

Goethe Elisabeth von Österreich London

Mendelssohn Balzac Shakespeare Dostojewski Ganghofer
Lichtenberg Rathenau Doyle Gjellerup
Trackl Stevenson Hambruch
Mommsen Tolstoi Lenz Droste-Hülshoff
Thoma Hanrieder

Dach Verne von Arnim Hägele Hauff Humboldt
Reuter Rousseau Hagen Hauptmann Gautier
Karrillon Garschin Defoe Hebbel Baudelaire
Damaschke Descartes Hegel Kussmaul Herder

Wolfram von Eschenbach Dickens Schopenhauer Rilke George
Bronner Darwin Melville Grimm Jerome Bebel Proust
Campe Horváth Aristoteles Voltaire Federer
Bismarck Vigny Gengenbach Barlach Heine Herodot

Storm Casanova Tersteegen Gilm Grillparzer Georgy
Chamberlain Lessing Langbein Gryphius
Brentano Lafontaine
Strachwitz Claudius Schiller Kralik Iffland Sokrates
Katharina II. von Rußland Bellamy Schilling
Gerstäcker Raabe Gibbon Tschechow

Löns Hesse Hoffmann Gogol Wilde Gleim Vulpius
Luther Heym Hofmannsthal Klee Hölty Morgenstern Goedicke
Roth Heyse Klopstock Kleist
Luxemburg Puschkin Homer Mörike Musil
La Roche Horaz
Machiavelli Kierkegaard Kraft Kraus
Navarra Aurel Musset Moltke
Lamprecht Kind Kirchhoff Hugo
Nestroy Marie de France

Nietzsche Nansen Laotse Ipsen Liebknecht
Marx Ringelnatz
von Ossietzky Lassalle Gorki Klett Leibniz
May vom Stein Lawrence Irving
Petalozzi Knigge
Platon Kafka
Sachs Pückler Michelangelo Kock
Poe Liebermann Korolenko
de Sade Praetorius Mistral Zetkin

Psichopatia Criminalis

Anleitung um die vom Gericht für notwendig erkanten Geisteskrankheiten psichjatrisch zu eruïren und wissenschaftlich festzustellen.

Oskar Panizza

Impressum

Autor: Oskar Panizza
Umschlagkonzept: toepferschumann, Berlin

Verlag: tradition GmbH, Hamburg
ISBN: 978-3-8424-7027-9
Printed in Germany

Vorwort.

Magnan bei den Franzosen, *Schüle* und *Krafft-Ebing* bei uns Deutschen, haben Zahl und Wesenverschiedenheiten der Geisteskrankheiten jüngst in ein festes Sistem gebracht, und es dürfte wohl keine Psichose, oder die Spielart einer solchen, aufgefunden werden, die dort nicht ihren Plaz gefunden hätte. Der wissenschaftliche Leser wird daher mit einigem Erstaunen und vielleicht Unwillen die Ankündigung aufgenommen haben, dass ihm hier eine neue Geisteskrankheit und ein neuer *terminus* zugemutet werden soll. Wenn ich es trotzdem unternehme, eine neue Krankheitsform, die *psichopatia criminalis*, in das Lehrgebäude der Psichjatrie einzuführen, so tue ich es, in der festen Überzeugung des Bedürfnisses einer solchen, auf Grund eines reichen Tatsachenmaterials besonders auf forensischem Gebiet, und in der Erkentnis, dass hier in den wissenschaftlichen Konstrukzjonen und Einteilungen der meisten Lehrbücher eine fühlbare Lüke vorliegt.

Es ist aber noch ein anderer Punkt, der dem neuen psichjatrischen *genus* bei den verehrten Kollegen – und an diese wende ich mich in der vorliegenden Schrift vornehmlich – eine gewisse freundliche Aufnahme sichern soll: das Prinzip der Humanität, welches bei unseren heutigen, auf allen Gebieten aufgeregten Zeiten, besonders auch im Gerichtssaal immer wieder an die Spize gestellt wird, muss einer Krankheitsform die höchste Beachtung zuwenden, die, wenn richtig erkant und angewant, eine grosse Zahl von dem Gefängnis und Zuchthaus verfallener Individuen in die milderen Räume und freundlichen Badewannen der Irrenhäuser hinüberführt. Und bei dieser Translozirung mitgewirkt zu haben, ist wahrlich auch des Schweisses edler Psichjater wert.

Die *psichopatia criminalis* ist eine klar umschriebene, scharf gekenzeichnete, von Richter wie Sachverständigen kaum zu übersehende, Psichose, deren Bedeutung in politisch bewegten Zeiten eine geradezu akute wird, und deren Wert wahrlich durch den Umstand nicht vermindert werden kann, dass sie erst heute in ihrem vollen Umfang gewürdigt wird, während sie in historischen Zeiten stets als vorhanden nachgewiesen werden konte.

Man braucht in der Tat in der Geschichte nicht weit zurükzuge-
hen, um die furchtbaren Verwüstungen, welche diese hartnäkige
und anstekungsfähigste aller Psichosen im Leben der Völker zu
Wege gebracht hat, zu erkennen. Und gerade jezt, wo die 50-jährige
Erinnerung an die traurigen Vorkomnisse der Jahre 1848 und 1849
wieder eine Menge von Gedenkschriften und illustirten Büchern auf
den Markt wirft, wird es uns, beim Durchblättern dieser Literatur,
klar, was damals hätte vermieden werden können, wenn die Kent-
nis der *psichopatia criminalis* – um die es sich auch damals handelte –
schon im Bereich psichjatrischer Forschung gelegen hätte. Mit einem Stab geschulter Richter, wissenschaftlich gebildeter Sachver-
ständiger, einsichtiger Geschwornen, dialektisch gewanter Staats-
Anwälte und geschikter Wärter hätte all' das unnüze Blutvergies-
sen, das Tirannengeschrei, Zuchthaus- und Folterqualen, Emigri-
rung der tüchtigsten Landessöhne vermieden werden können. Ein
mässig grosses Irrenhaus zwischen Nekar und Rhein, etwa von der
Grösse der Pfalz, und auf eben diesem Boden, wo die turbulentes-
ten Köpfe gediehen, errichtet, hätte über Nacht, in wenigen Wo-
chen, die kriminelle Bewegung, ich wolle sagen: die epidemische
Psichose, im Keime erstikt und unserem Valerlande viel Leids er-
spart. – Die Heilung geht überraschend schnell vor sich. Die milde
Behandlung, richtig temperirte Wannenbäder, die Ruhe, die Abge-
schlossenheit, Nachtigallenschlag jenseits der Gitter, der gütige
Zuspruch des Arztes – ein Bischen *Hyoscyamin*, und ein Bischen
Bromkali – und die politische Einsicht all' dieser Internirter wäre
bedeutend gewachsen.

Wenn man erwägt, zu welcher Wahnsinnshöhe ganze Völker
damals aufgestachelt waren, wie bis dahin vernünftige Bürger den
verbrecherischen Versuch machten, die geheiligten Rechte der von
Gott eingesezten Fürsten zu schmälern, wie einer der frivolsten
Dichter damals vom »heiligen Geist« unter Anderem sang:

»Dieser tat die grössten Wunder,
und viel grössre tut er noch;
er zerbrach die Zwingherrnburgen,
er zerbrach des Knechtes Joch.«

»Alte Todeswunden heilt er,
und erneut das alte Recht:
Alle Menschen, gleichgeboren,
sind ein adliges Geschlecht...«(!!)

so schaudert man vor der Eventualität, die bei nicht rechtzeiti-
gem, blutigem Eingreifen der Truppen hätte entstehen, und am
Ende Deutschland in eine Republik hätte verwandeln können –
einerseits, und andererseits vor der Höhe des Völkerwahns, der,
von einem Punkte, von wenigen kranken Köpfen, ausgehend, mit
Blizeseile, zum Teil mit Hülfe der Presse, um sich greift und ein
ganzes Land an den Rand des Abgrundes bringen kann.

Ich darf daher wol hoffen, dass die gegenwärtige Studie, die auf
der sorgfältigen Durchforschung historischen wie klinischen Materjals beruht, die Beachtung von Seite der Kollegen, der Herrn Verwaltungsbeamten, Richter, Professoren, eines hohen Adels und aller
jener hohen und höchsten Herrschaften finden wird, denen die
Zukunft unseres teuren, unverrükbar an den alten Tradizjonen
festhaltenden Vaterlandes von Gott anvertraut ist.

Hochachtungsvoll
Zürich, im Hornung 1898.
Der Verfasser.

Der Tipus der psichopatia criminalis.

Leise und unheimlich ist der Beginn dieser wenig erforschten, schleichend verlaufenden Krankheit, die das Äussere des Menschen ebenso wie dessen Inneres, Leib und Seele, Gemüt wie Charakter, gleicherweise zerstört und untergräbt.

Heredität ist, wie dies nach neueren psichologischen Anschauungen leicht begreiflich, in den meisten Fällen deutlich nachweisbar. Entweder ist der Vater schon wegen politischer Reate gesessen; der Großvater; der Onkel; oder die Mutter stamt aus inveterirt-demokratischer Familie; der letztere Fall ist der schlimmere. Auch Abkömlinge jener »Salzburger Emigranten«, »Zillerthaler«, »Hugenotten«, »Böhmischen-« und »Mährischen Brüder«, aller jener Sekten und Wiedertäufer-Gruppen, Schwarmgeister etc., die die Oposizjon gegen den rechtgläubigen Staat bis zur Selbstvernichtung trieben, sind stark gefährdet. Diese Leute sollen nicht mehr heiraten, da der Keim kaum mehr eliminirbar ist. Man hat beobachtet, dass selbst bei fortgesezter Vermischung mit Lakaien der Keim solch alter, religiöser, oder staatsfeindlicher Oposizjon immer wieder hervorbrach und grosses Unglük anrichtete.

Bei Anderen fehlt dagegen jedes hereditäre Moment. Solche Leute können es einfach oft nicht mit ansehen, wie Hunderttausende vor einem einzigen Menschen auf der Strasse sich niederwerfen und von den Hufen seines Rosses sich bearbeiten lassen. Hier liegt dann meist Rinden-Zwang[1] vor. Diese Menschen sind natürlich gemeingefährlich und müssen unter steter Aufsicht bleiben. Auch verlangt es das Gebot der Selbsterhaltung des Staates, solche Menschen nicht zum Fortpflanzungs-Geschäft zuzulassen.

Weitaus das gefährlichste Moment aber, welches solche Kranke bei Ihrem Sichselbst-Überlassensein in voller Freiheit für die Sicherheit des Staates und für die ewigen Grundsäze der Sitlichkeit bieten,

---

[1] Unter Rindenzwang versteht die moderne Psichjatrie den von der Gehirn-Rinde, als dem Siz der höchsten Gedanken-Reihen, ausgehenden Widerstand gegen Einflüsterungen und Sugestionen, so dass selbst die bestgemeinten Absichten der Regierungen an solch' individualistischen Starrköpfen wirkungslos abprallen.

ist ihre grosse Anstekungsfähigkeit, ihre Infekziosität für die *Massen.* Man hat immer in der Geschichte beobachtet, dass es wenige abnorm veranlagte, von Haus aus auf Abwege geratene Menschen waren, mit explosiblen Gedankenreihen –»Erleuchtete« nennen sie ihre Anhänger – die den Zündstoff für die grossen Volksbewegungen abgaben.

Während die grosse Masse, der grosse Plebs – den man durchaus nicht immer *misera* zu nennen braucht, und dem man durchaus nicht immer das Beiwort *contribuens* zu geben braucht – im Ganzen in glüklicher Ruhe und Apatie vegetirt, ohne die Regierenden in ihrer schweren Arbeit zu stören, oder an die Grundpfeiler der staatlichen Ordnung zu rütteln, sind es stets solche Einzelne, die, den Gedanken des Umsturzes mit unglaublicher Frivolität erwägend, die Zukunft einer neuen Gesellschaftsorganisazjon sozusagen mit spielender Fantasie sich ausmalen, und so die Schwachen und Widerstandslosen, die »Kinder« des Volkes, die Frauen, die Dumben, die Künstler, die Dichter für sich gewinnen. Eine Zukunfts-Gesellschaft, die noch gar nicht existirt, die gar nicht existiren kann, für die es in der realen Welt gar keinen Anhaltspunkt gibt, rein aus der Idee, sozusagen aus dem Nichts, hinzustellen, und damit ganze Volkskreise, denen doch die Sicherheit und Nüzlichkeit der bestehenden Regierungsform täglich und sontäglich vor Augen geführt und gepredigt wird, zu verführen und auf ihre Seite zu bringen. Es hängt das mit jener bedauerlichen Empfänglichkeit der Massen für alles Neue und Ideelle zusammen. Was hat nicht schon in alten Zeiten *Caesar* darunter leiden müssen! Und Er war doch schon von Gottes Gnaden erwählter und im Voraus bestimter Herrscher seines Volkes – *Caesar,* Kaisar, das ist ja eben: Kaiser. So hemmend wirkten die Neuerungssucht und die Ideen-Empfänglichkeit der von ihm beherschten Völker auf seine Tatkraft und Entschlussfähigkeit ein, dass es ihm fast unmöglich wurde, die ihm von Gott vorausbestimten Herrschafts-Pläne durchzuführen und sein Volk den von ihm vorausgesehenen herlichen Tagen entgegenzuführen.

Man zieht meist das Beispiel der beiden *Gracchen* aus der Römischen Geschichte an, um die verderbliche Wirkung exaltirter Köpfe auf gesunde und friedliche Volksmassen zu illustriren. Aber man braucht nicht soweit zurük zu gehen, und Zeitperjoden zum Vergleich heranzuziehen, bezüglich deren es fraglich ist, ob der allmächtige Gott, der jezt so sichtbar das deutsche Volk leitet, schon damals wirklich die Geschike solcher Völker in der Hand hatte. Es ist ja richtig, das Beispiel der *Gracchen* ist ausserordentlich instruktiv; und es war ein Glük, dass der eine dieser Brüder, die immer »dem Volk Brod geben« wolten, rechtzeitig mit einem Stuhlbein erschlagen wurde, und der Andere in Erkentnis seiner furchtbaren Schuld sich rechtzeitig selbst den Tot gab. Aber wieviel unnüzes Blut wurde trozdem wegen dieser exaltirter Köpfe vergossen, und wie wurde die von Gott eingesezte Regierung in stete Sorgen um ihre eigene Existenz gestürzt! Hätten die Römer einen unserer heutigen Formale-ausfüllenden Gerichts-Ärzte zur Seite gehabt, oder eines der vortreflichen unserer heutigen psichjatrischen Lehrbücher in Latein vor sich gehabt, dann wäre schon gegen den älteren *Gracchus* ein Haft-Formular ausgefült, und mit Hülfe eines zweiten Formulars, welches die »Gemeingefährlichkeit wegen unheilbarer Geisteskrankheit« konstatirt, seine Überführung in eine staatlich geleitete Irrenanstalt perfekzionirt worden. Während mit dem »Sich-in-sein-Schwert-stürzen« oder mit dem »Von-einem-vornehmen-Senats-Mitglied-mit-dem-Stuhlbein-Erschlagen-werden« diese Leute sich eine gewisse Idealität, die Märtirer-Krone, erringen und dann in die »Römische Geschichte« kommen. Und darum ist's ihnen zu thun. Um nichts Anderes!

»Hunger« –, lächerlich! – »dem Volk Brot geben« – was soll das heissen? – Kein Römer ist damals direkt am Hunger gestorben (es sei denn, dass er direkt an Nahrungsverweigerung erkrankt war), es ist dies mehrfach aktenmässig, von *Mommsen* z. B., nachgewiesen worden[2]. Wozu also das Geschrei?! –

Doch, wie gesagt, es ist ein Zurükgehen auf jene alte Zeit durchaus nicht nötig. Die Zeit der Reformazion und des deutschen Bauernkriegs liefern Beispiele in Masse, um zu zeigen, wie durch das verwegene Denken Einzelner und die krankhaften Fantasien gewisser rabjater Köpfe, die ruhigen, friedlichen, gesättigten Volksmassen aufgerührt und zum Umsturz des Bestehenden getrieben werden.

---

[2] Mommsen, Th., Römische Geschichte. Bd. II. 5. Aufl. Berlin 1869. S. 87-94. Dort ist wol von »agricolem Proletariat« und dem »Untergang des italischen Bauernstandes« die Rede; aber nirgends steht ein Wort, dass ein Römer oder Italer direkt verhungert sei.

Wenn wir von Einem, dem hier eigentlich zunächst in Betracht kommenden Halluzinanten, *Martin Luther* aus Eisleben, absehen, so geschieht es, weil er als mässiger Liederdichter und guter Übersezer aus dem Lateinischen immer noch gern in der Literaturgeschichte genant wird, er auch als »Mann Gottes«, oder wie derlei *epitheta ornantia* lauten, von den deutschen Fürsten und ihren hohen Regierungen sozusagen noch immer in Anspruch genommen wird. (In die Irrenanstalt hätte er zweifellos gehört). Aber die Zahl der Aufrührer war in damaliger Zeit ausserordentlich gross. Man braucht sich nur eine Gestalt, wie diesen Nikolaus *Storch*, vorzustellen und seine Schiksale zu verfolgen, um die Gefährlichkeit eines solchen verwegenen Streuners ausserhalb der Irrenanstalt zu begreifen; wie er, von Ort zu Ort ziehend, überall ausgewiesen, heute in Zwickau, morgen in Böhmen, übermorgen in Thüringen, allerorts Spuren seiner geistesverbrecherischen Tätigkeit hinterliess, überall den Samen eines aufrührerischen, frechen, sich emanzipirenden Denkens ausstreute; Spuren, die nie mehr gutgemacht, nie mehr ausgewischt werden können, die durch die protestantische Ortodoxie hindurch, im Pietismus, in den Erwekungsphasen, im Herrnhutertum wieder zum Vorschein kommen, in's Teosophische, in's Mistische, in's Jakob-Böhmische, in's Zinzendorf'sche, in's Berlenburg'sche, in's Wetterau'sche umgeschlagen, und schliesslich bei *Baader*, bei *Hegel*, bei *Schelling*, bei *Bruno Bauer*, bei *Strauss*, bei *Stirner* wieder herauskommen.

Das ist nämlich das Eigentümliche des Geistigen, dass es – da, wo es sich ausserhalb der Irrenanstalten zeigt – wo es sich selbst manifestirt, wo es sich in der Öffentlichkeit kundgibt, wo es seine Anstekungsfähigkeit im Hinblick auf die Massen erprobt hat, dass es wie ein fressendes Feuer um sich greift, wie eine gegebene Grösse nach dem Beharlichkeitsgesez von selbst weiter wirkt, dass es selbst nicht mehr ungetan werden kann, selbst nicht mehr in sich zurük kann, dass es – und Andere – an den neuen Fäden weiterspinnen müssen, – es und Andere den Gährungsprozess fortsezen müssen, bis zum Überschäumen –

»dass es fortzeugend Böses muss gebären« das Böse, das ist hier das Geistige. –

In uns Allen stekt heute noch *Storch*, stekt *Carlstadt*, stekt *Luther*, steken die *Wiedertäufer*, stekt *Thomas Münzer*, stekt *Hutten* und steken alle die Andern. Diese *geistige* Ahnen-Reihe vererbt mit fast sicherer Unabänderlichkeit und Schiksalsschwere ihr unheimliches Ferment, als das edle blaue Blut unter dem Adel, das hochfürstliche, gottbegnadete Blut unter den Monarchen, oder das gemeine rote Blut unter den Bürgern und Arbeitern, nach der fisischen Seite hin sich fortsezt. Diese grosse Fänomenologie des Geistes, dieses unabänderliche *Karma* der Weltgeschichte, welche von geistiger Tat zu geistiger Tat rechnet, ist unauslöschlich, ist ein verzehrendes Feuer und geht von *Jesaia* bis *Nietzsche*.

Hier muss also die Polizei eingreifen. – In der Vergangenheit ist Nicht-Mehr-Gutzumachendes geschehen. – Aber in der Gegenwart, heute, wo der kranke Zustand solch' frevelnder Köpfe mit Hilfe der Wissenschaft deutlich nachgewiesen werden kann, muss die Obrigkeit, muss die Staatsanwaltschaft, müssen die Fürsten, muss der Staat, muss die Regierung mit starker Hand eingreifen, diese kranken Keime – in Badewannen oder sonstwie – eliminiren, um die grosse Masse intakter, monarchischer Hirne vor dem Zersezungsprozess zu bewahren. – Die *psichopatia criminalis* zieht sich wie ein roter Faden durch alle revoluzionären Bewegungen des Altertums wie der Gegenwart. Sie stekte in *Harmodius* und *Aristogeiton*, sie stekte in *Kleon* dem Gerber, sie wühlte in dem jeder sitlichen Basis entbehrenden *Aristophanes*, und sie ward in dem von einem fabelhaften Ehrgeiz getriebenen *Sokrates* manifest. Alle diese falschen Idealisten, die immer nur an sich denken, und dabei das Volk vorschieben, sind kriminelle Psichopatiker. *Psichopatia criminalis* war es, was die Plebejer auf den *mons sacer* hinauftrieb, sie beseelte die *Gracchen*, und sie entzündete den frevlen Mut eines *Catilina* und *Brutus*. *Psichopatia criminalis* war es, was den verwegenen *Arnold von Brescia* sich gegen die gottgeheiligte Majestät des unbeflekt empfangenen Papstes auflehnen liess, was *Wicliff* und *Hus* revoltirte, was *Savonarola* den Verstand raubte, was in *Luther* wütete, was die gesamten sektirerischen Geister im sechzehnten Jahrhundert ausser Rand und Band brachte. Das herliche deutsche Volk war dank der grossen Resistenzkraft seiner monarchisch gebauten Nervenfasern lange Zeit von der schreklichen Krankheit verschont, bis wälsche Einflüsse, besonders von Frankreich her, auch hier Bresche legten, und das ahnungsloseste Gemüt, das auf der Welt existirt, endlich ebenfalls über sich nachzudenken begann. Denken ist immer eine schlimme Sache. Die betrübsamen Zerstörungen, welche inzwischen sich im Bereich des deutschen Gemüts geltend gemacht haben, brauchen hier wahrhaftig nicht noch ausführlich dargelegt werden.

Soll das so weiter geduldet werden? Sollen wir erlauben, dass Jeder mit seiner respektiven Grösse, Jeder mit seinem bischen in seinem Kopfe steckenden Geistes-Ferment, mit seinem bischen Hirn auftrete, und die Massen vergifte und zum Staats-Ungehorsam erziehe? Heute, wo wir in den Regierungs-Maasregeln, in dem von Gott geleiteten fürstlichen Intellekt, Hilfsmittel und Ratschläge besizen, alle diese kleinen Rumorer, diese *dii minorum gentium*, diese kleinen Geister auf ihren Kakstühlchen, die auch Etwas produziren möchten, mit einem Schlag, mit einem Paragraf, vernichten können? Heute, wo wir in den prächtigen, parketbelegten Irrenhäusern, in den woligen Badewannen, Mittel besizen, diese turbulenten, germanischen Köpfchen ihr süsses Gedanken-Räuschchen ausschlafen zu lassen? Heute sollen wir noch Empörung dulden, freche Ideen *Schiller's* und *Stirner's*? Wo wir wissen, dass diese Ideen, auch nur ausgesprochen, in der Versamlung verkündet, auf Papier gedrukt, weiterfressen, länger fressen als der Wurm, der dieses Papier zernagt, und die folgenden Jahrhunderte beeinflussen? Beeinflussen, wie wir heute die *Storchs*, die *Carlstadts*, die *Luthers*, die *Wiedertäufer*, die *Sektirer*, die *Sands*, die *Demokraten*, die *Wartburger* in unserem Gebein – ach so schmerzlich! – spüren? Was werden die folgenden Jahrhunderte von uns sagen? Dass wir den bürokratischen Aparat nicht bis zur Zitronenpresse, nicht bis zur Vernichtung aller nicht fürstlich-ortodox-Denkenden ausgenüzt haben? Werden sie uns »die Grossen« nennen? Nimmermehr!

Was den Ausgang der *psichopatia criminalis* anlangt, so ist er, wie bei allen politischen Gehirnkrankheiten, ein sehr trauriger. Hat der Paroxismus eine gewisse Höhe erreicht, so ist es die Glühhize der ausser aller staatlichen Ordnung geratenen Ganglienzellen selbst, die dem von Gott zum monarchischen Gehorsam bestimten Gehirn die schwerste Schädigung bringt, und es rasch einem tötlichen Marasmus oder Erschöpfungszuständen entgegenführt. Ehe, Tugend, Familienbande, Pietät, Militär-Gehorsam, Fahneneid und die höchsen Perzepzions-Begriffe im monarchischen Staat fallen jezt wie Spreu auseinander, und lassen den seinem Gott entfremdeten, aus dem Treuverband mit seinem Fürsten Gelokerten, mit seinem eigenen monarchischen Gewissen uneins gewordenen, wie ein Rohr hin- und herschwankenden, kläglichen Untertanen bald nur noch dem Schnaps oder einer nächtlichen Streif-Patrulje anheimfallen. Bringt also nicht eine frühzeitige Zuchthaustrafe in Folge eines flagranten Delikts dem erschöpften Gehirn die nötige Erholung mit Neuerwekung der monarchischen Begriffs-Formen (die aber selten gelingt), so endet meist ein akuter Anfall auf der Höhe der Krise das Leben des Schwer-Erschütterten (*Masaniello* im Fischer-Aufstand zu Neapel), oder er geht direkt im Konflikt mit der staatlichen Ordnung zu Grunde (Tit. Sempr. Gracchus, Thomas Müntzer). Aber auch bei langsamerem Verlauf und in Folge von Zuchthaus-Unterbrechung eingetretenen Remissionen ist das nun einmal in seinem monarchischen Bestand wankend gewordene Gehirn kaum mehr zu stüzen, und verfält, wenn auch oft langsam, aber schliesslich doch sicher, zulezt dem von allen psichjatrischen Lehrbüchern für diesen Fall vorgesehenen sog. »terminalen Blödsinn«, oder der »finalen Verblödung «, womit sich der Vorhang über diese traurigen Szenen des Lebens eines »entgleisten Untertanen« definitiv senkt.

Mancher der aufmerksamen Leser, besonders solcher, die Psichjater von Fach sind, möchte vielleicht hier den Einwurf wagen, dass das hier Vorgetragene ja Geschichte, politische Geschichte, Literatur-Geschichte, Reformazjons-Geschichte, aber keine eigentliche psichjatrische Kasuistik, keine Darstellung von Psichopatieen seien. Dies wäre eine schwere Verkennung. Uns Psichjatern entzieht sich gar kein Geschehnis in Bezug auf seine Krankheitsmöglichkeit. Eine Tatsache, die wir für krank erkant haben, ist unter allen Umständen krank, mag sie sonst sein, was sie will, mag aus ihr die Reformazjon oder die Erzeugung des Dampfes, die sog. »Menschenrechte«, oder die Schafschur in Amerika, hervorgegangen sein, und mag ihr Träger *Luther* oder *Lafayette, Lincoln* oder *Luzian* geheissen haben. – Hat doch der trefliche Forscher *Rudolf Arndt* in seinem »Lehrbuch der Psichjatrie für Ärzte und Studirende« die ganze Kultur- und Geistesgeschichte der Menschheit in *Oxy-* und *Par-ästesieen* eingeteilt, und auf diese Weise die gesamte Entwiklungsgeschichte des Abendlandes, alle Revoluzjonen und die »Räuber« von *Schiller*, alle politischen Verträge und *Metternich* – mit alleiniger Ausnahme der Fürsten – in seinem hervorragenden Lehrbuche untergebracht![3] .

Uns entzieht sich gar nichts! –

Um jedoch den Neuling nicht allzusehr zu erschüttern, und die Aufnahme der gänzlich neuen, hier zum erstenmal vorgetragenen Gesichtspunkte zu erleichtern, auch den Ärzten und Studirenden den Gebrauch der älteren psichjatrischen Lehrbücher, besonders jener von *Arndt, Krafft-Ebing, Schüle, Griesinger, Esquirol, Gudden, Kräpelin, Ganser* und *Bumm*, noch immer zu ermöglichen, haben wir uns entschlossen – da man jede Tatsache von mindestens zwei Seiten betrachten kann – die Erscheinungen der *psichopatia criminalis* in Gegenwart und Geschichte nochmals unter den alten liebgeworderen Termini: Melancholie, Tobsucht, Verrüktheit, Paralise der Irren, Epilepsie und Histerie vorzutragen, wobei wir uns der Hoffnung hingeben, durch diese doppelte Betrachtungsweise neue und interessante Schlaglichter auf die diversen Krankheitsgruppen zu ermöglichen und so – bei sich mehrenden Neubauten von Irrenhäusern – der immer mehr zunehmenden Gesundung und Erstarkung unseres psichopatischen Vaterlandes unter der Ägide gesunder, kraftstrozender Fürsten die Wege zu ebnen.

---

[3] Arndt,R., Lehrbuch der Psichjatrie für Ärzte und Studirende. 637 S. Gross-8°. Wien und Leipzig 1883. – Das bewundernswerte Lehrbuch ist bei weitem nicht genügend gewürdigt und noch immer in der ersten Auflage zu haben.

Paralisis cerebri, die Gehirnerweichung, als häufigster Simptomenkomplex der psichopatia criminalis.

Das früheste Simptom dieser Krankheit ist eine Änderung des *Charakters*. Es dürfte nun ein Leichtes sein, dieselbe bei unserer Kategorie von Kranken aufzufinden, da Leute, die dem Staat Oposizion machen, immer einen anderen Charakter annehmen, und meist schlechte Charaktere sind. Denn der menschliche Charakter, die menschliche Seele wird, wie *Thomasius*[4] , *Spener*[5] , *Heinroth*[6] , u.v.a. regierungsfreundliche Teologen gelehrt haben, immer ohne Fehler, ohne primäre Sünde, ohne Lust zum Bösen, zur Oposizion, geboren. Erst der Verkehr mit Angestekten, mit Taugenichtsen, mit Frondörs, mit Linksliberalen, mit der Vorfrucht des Irrenhauses, bringt den Keim in die Herzen dieser jungen Leute, von denen vielleicht Mancher ehemals in dem Verein christlicher junger Männer seinen Tee der Unschuld geschlürft hatte. Erst jezt erwacht der Gedanke und nimt, wie *Heinroth* so schön sagt,»die Form der prikelnden Lust zum Bösen« an[7] . Jezt noch etwas oratorische Begabung, der flammende Blik einer zweifelhaften Schönen nach einer gelungenen Rede, eine *Offenbach*'sche Operette, die revoluzjonären Klänge einer wüsten *Richard-Wagner*'schen Musik, das häufige Studiren politischer Programme, der Besuch der Reichstags-Tribüne, wo man sieht, wie charakterlose, vaterlandslose Gesellen von der Oposizion umringt und beglükwünscht werden, vielleicht noch der von Erfolg begleitet gewesene Besuch eines Bordells – und die unheimliche Zerstörung in den höchsten Lebenszentren der psichischen Genese wächst und wächst – bis der Betroffene entweder als rotglühender Agitator, mit dem Hauch der Majestäts-Beleidigung noch auf den Lippen, auf dem Schafott endet, oder den von der *psichopatia crimi-*

---

[4] Thomasius, G., Darstellung der evang.-luth. Dogmatik vom Mittelpunkt der Christologie aus. Erlangen 1852. S. 175.

[5] Spener, Ph. J., Pia desideria oder Verlangen nach gottgefälliger Besserung. Frankfurt 1673.

[6] Heinroth, F. C. A., Störungen des Seelenslebens. Leipzig 1818. S. 127.

[7] Heinroth, F.C.A., Die Lüge. Beiträge zur Seelenskrankheitskunde. Leipzig 1834. S.38.

17

nalis Befallenen noch rechtzeitig eine gütige Landes-Irren-Anstalt aufnimt.

Schüle[8] betont aber, dass, weil es sich hier um die frühesten und feinsten Veränderungen in der Cordical-Substanz handelt, wo die Oposizion ihren Siz hat, nicht früh genug von Seite des Arztes, der Angehörigen – hier also von Seite des Staates – eingegriffen werden könne.

Es wird also Sache der Polizei sein, auf möglichst frühe und leise *Charakter-Änderungen* bei den Untertanen ihr Augenmerk zu richten – und wo kämen nicht leise und frühe Charakter-Änderungen bei jungen Leuten vor, die sich politisch heranbilden oder Söhne aus oposizionellen Familien sind? – damit es nicht zu spät wird und der Staat eingreift, wenn der Holzstoss schon brennt.

Sind junge Leute auf ein verhältnismässig unbedeutendes Simptom hin psichjatrisch internirt, so ist jedenfalls die grösste Gefahr vorüber, und selbst bei späterer Entlassung wird das durchgemachte Internat immerhin einen gewissen kräftigen, staatsfestigenden Eindruk hinterlassen. Natürlich sind während der Internirung die Studien bei gebildeten jungen Leuten auf Grund von vom Kultus-Ministerjum vorgeschriebenen Lehrbüchern fortzusezen. Tritt eine auffallende Besserung ein, sodass in den Gehirnganglien ein entschiedener und starker Zug nach Rechts verspürbar wird, so kann immerhin der Versuch einer bedingten Entlassung bis zur nächsten Wahlperjode gewagt werden. Aber selbst auf die Gefahr hin, dass ein Teil der Gimnasien und Hochschulen in psichjatrische Internate umgewandelt würden, dürfte der Staat nicht auf das Vorrecht verzichten, frühzeitigen *Charakter-Änderungen* seine Aufmerksamkeit zuzuwenden, und durch Sachverständige die Bedingungen des Eintritts dieses Früh-simptomes der Gehirn-Erweichung auf's Genaueste präzisiren zu lassen.

Häufige Stimmungs-Änderungen und *Neigung zum Weinen*, schon bei geringen Ursachen, werden von allen Forschern, bes. von *Baillarger*[9] , *Magnan*[10] , *Griesinger*[11] , als Früh-Simptom der Cerebral-Paralise anerkant.................................

---

[8] Schüle, H., Klinische Psychatrie. 3. Aufl. Leipzig 1886. S.376.

[9] Baillarger, J., Recherches sur le système nerveux. Paris 1847.

[10] Magnan, V., Maladies mentales. 2 ème édit. Paris 1893.

Aber warum weint Ihr auch? – Warum ist Euer Hirn nicht stark? – Wenn Eure Gedanken sich bis zur Höhe der Individualität und der Individualitäts-Berechtigung sich erhoben, und Eure Seele mit den Adlern flog, warum weint Ihr, wenn Ihr dann vor dem Staat steht und bekennen solt? – Haben diese Leute, Eure besoldeten Peiniger, etwa mehr gegessen, weil sie so stark sind? Warum blikt Ihr ihnen nicht in's Angesicht und sagt das Unvermeidliche, das gesagt werden muss, und wenn es Blut wäre? Esst und stärkt Euch, und seid »stark im Geist«. Meint Ihr, Burgunder und Rheinwein sei nur für Staatssekretäre gewachsen? – Trinkt wenigstens *Eimbecker* Bier, wie *Luther*, als er vor dem Reichstag erschien, und seine Seele verzagen wolte. – Wer wird *weinen*? – Glaubt Ihr, *Brutus* hat geweint? – Oder hat etwa *Mirabeau* Tränen vergossen? – Hat die Geschichte von *Danton* Zähren überliefert? ....

Ja, wenn Ihr *weint*, dann hat der Staat leichtes Spiel, und der Sachverständige wird Euch immer als kondizjonelle Anstaltsreife in Anspruch nehmen können. –

Die neuere Forschung hat festgestellt, dass *Sifilis* sehr häufig der Vorläufer von Gehirnerweichung ist. Ganz ausser Acht lassen soll man dieses Moment nicht. Aber erwarten, dass nun diese Leute an Sifilis gelitten haben müssen, und ihr Vorleben darauf hin sondiren, halten wir für unnötig. Ganz im Gegenteil führt *jene andere Franzosenkrankheit*, an der die Franzosen selbst in den Jahren 1789 – 95 litten, und während deren sie den »Kultus der Göttin der Vernuft« errichteten, viel sicherer zur Verwirrung des Geistes und zur Erweichung des Gehirns, als jene erotische Anstekung, die meist den Umarmungen einer recht unvernünftigen Göttin ihre Entstehung verdankt. Nach *dieser* Franzosenkrankheit, den revoluzjonären Bestrebungen, soll also der Sachverständige besonders forschen, um das ätjologische Moment für den traurigen Gesundheitszustand, in dem der Angeklagte vor den Schranken des Gerichtes erscheint, aufzufinden. Und erst wenn diese Untersuchung im Stiche lässt, mag er nach körperlichen Narben suchen. Jedenfalls wird es mit Hülfe der beiden Franzosenkrankheiten gelingen, die beim Vorge-

---

[11] Griesinger, W., Pathologie und Therapie der psychischen Krankheiten. 2. Aufl. Stuttgart 1861.

führten für notwendig erkante Geisteskrankheit nach der ätjologischen Seite hin klarzustellen.

Schüle spricht viel von dem »*Durchbruch des sittlichen Bodens*«[12] , und will diese komplete moralische Debilität als eines der wertvollsten diagnostischen Anzeichen für das Bestehen oder doch Herannahen von Gehirn-Erweichung gelten lassen. Mit Recht. Viele haben nun gemeint, bei politischen Angeklagten liesse sich dieses Moment, in jenen Fällen, in denen der Nachweis von Gehirnerweichung gerichtlicherseits verlangt wird, schwer zur Geltung bringen, da ja gerade bei Idealisten – was politische Angeklagte meist sind – dieser sitliche Boden intakt sei. – Ganz falsch! Bei diesen Leuten bricht sogar der sitliche Boden sehr leicht durch. Und so etwa muss sich der Sachverständige den Beweis zurechtlegen: Wenn schon bei Staatsbeamten, Bürokraten, Richtern, hohen Verwaltungsbeamten, Ministern etc., die nicht auf dem Boden sitlicher Kraft oder individueller Verantwortlichkeit, sondern auf dem *Boden des Staates* stehen, überhaupt kein »Durchbruch des sitlichen Bodens« erfolgen kann, weil kein solcher Boden da ist, – weil ihnen der Staat diesen Boden gegen ein bestimtes Gehalt abgekauft hat, weil sie meist aus Familien stammen, in denen seit Jahrhunderten kein solcher sitlicher Boden mehr vorhanden war, weil sie überhaupt keinen sitlichen Boden kennen, und daher einen solchen beim Angeklagten nicht vorausseezen – wenn, muss sich der Sachverständige sagen, schon bei solchen Würdenträgern von einem sitlichen Boden nicht mehr die Rede sein kann, ist es dann zu verwundern, wenn bei Angeklagten, von denen hier die Rede ist, die mit allen Hunden gehezt sind, und die oft aus Gesellschaftskreisen stammen, in denen die Widerstandkraft in Folge allgemeiner Misere nicht mehr so gross ist, hie und da einmal »der sitliche Boden durchbricht« – da wenigstens einer vorhanden war? – Nein, sagt sich der Sachverständige, das ist nicht zu verwundern. Also *kann* der »sitliche Boden« auch bei solchen Leuten einmal »durchbrechen«. *Kann* er es, dann wird es dem Sachverständigen ein Leichtes sein, auch für den gerade vorliegenden Fall den faktischen »Durchbruch des sitlichen Bodens« wissenschaftlich zu erweisen, und so die unumgänglichen

---

[12] Schüle, H., Handbuch der Geisteskrankheiten. 2. Aufl. Leipzig 1880. S. 513.

Bedingungen zu schaffen für die Internirung des Angeklagten, wie für das eigene Vorrüken in die nächst höhere Gehaltsklasse.

Wir machen auf das hier Gesagte besonders aufmerksam, weil, wenn alle Psichosen fehlschlagen, und der Angeklagte, sei es in Folge nicht rechtzeitiger Vorbereitung von Kronzeugen, oder sonstwie, alle Versuche des beeidigten Sachverständigen, aus ihm eine vom Gericht für notwendig erkante Psichose herauszudiagnostiziren, durch seine Ruhe, Kaltblütigkeit und bärenmässige Gesundheit zu Schanden werden lässt, die *Gehirn-Erweichung* immer noch jene Form ist, bei der der Nachweis der gerichtlicherseits verlangten Geisteskrankheit am besten gelingt. Denn die Anfänge dieses organischen Gehirnleidens sind bekantlich so fein, unscheinbar und hauchartig, die ersten Simptome noch so wenig von eigentlicher Gesundheit zu unterscheiden, dass es bei einiger Geschiklichkeit gelingt, jeden gesunden Menschen als in den *Anfängen* der Gehirnerweichung zu stehen zu erklären, somit der Sachverständige – dessen eigener sitlicher Boden hier nicht in Betracht komt – es leicht haben wird, den Angeklagten, gar wenn dieser verdattert ist, oder ein wenig stottert, oder leicht aufbraust, im Gerichtssaal selbst zu überführen und psichjatrisch zur Streke zu bringen.

Auch komt die Natur selbst den Wünschen des Staates in dieser Richtung weitherzig entgeben gegen. »Die Konsistenz des Gehirns ist weich, ist teigartig« – sagt *Hyrtl* in seiner »Anatomie des Menschen«[13] . – Ist es dann ein Wunder, wenn das Gehirn überhaupt *weich* wird, wenn es sich zu jener Konsistenz verflüssigt, die der Staat braucht, um misliebige Gehirne aus dem Kampfe des Lebens auszuscheiden und sie in Sicherheit zu bringen?

Und auch die *Stimmung*, die die Natur den Gemüts-Deutschen in's Herz gelegt hat, ist nicht zu weit entfernt von jenem Übertauen des Herzens, welches schon Anfangssimptom der hier behandelten Seelenkrankheit ist »Die Leute *weinen* leicht« – sagt *Mendel* in seiner Studie über die Paralise des Gehirns –[14] . Ja, zum Henker! warum weinen die Leute? – Weil sie Steuern zahlen müssen. Weil sie ihren

---

13 Hyrtl, Jos., Lehrbuch der Anatomie des Menschen. 20. Aufl. Wien 1889. S. 236.

14 Mendel, C., Die progressive Paralyse der Irren. Berlin 1880. S. 97.

lezten Blutstropfen für Militärforderungen hergeben müssen. Weil ihre Familien der Willkür einer brutalen Soldateska ausgesezt sind. Weil sie einer *avancement*-hungrigen Justiz ausgeliefert sind. Weil sie ihre Schmerzen ihre Hülferufe nicht mehr aussprechen, nicht mehr druken lassen dürfen. Weil man sie zum Anbeten des »grossen Tier's« zwingen will........

Ja, was wolt Ihr weinerlichen Leute? – Warum wurdet Ihr auch weich? Der Gott, der Eisen wachsen liess, der wolte keine weichen Gehirne! – Warum wartetet Ihr, bis Euer Gehirn weich wurde? – Da es noch hart und elastisch war, und Taten – nicht Gedanken – gebären konte, da musstet Ihr handeln und Euren Mann stellen. Hat Euch der Staat erst angerührt, dann zerschmilzt, Euch Armen, unter seinen Eisenhänden Eure Triebkraft, und nun faselt Ihr, Hirn-Erweichte, in Eurer Fieberfantasie von Königsmord und Bürgertugend! ....

Da Ihr noch rüstig waret, da musstet Ihr das Unvermeidliche, die rettende Tat tun......

Immer ruft Ihr: Uns kann nur ein *Angiolillo* helfen! und wiederholt diesen Ruf, bis Euch das Gehirn weich wird; und nun muss Euch der Staat einsperren. Statt die Probe auf diesen *Angiolillo* einmal zu machen, um Euer Gehirn von dem furchtbaren Druk zu befreien; und den Staat einmal bluten zu lassen, statt immer selbst zu bluten, und mit starkem, rüstigen Gehirn aus dieser entsezlichen Krise hervorzugehen! ....

Mania – die Tobsucht, als zweiter Simptomen-Komplex der psichopatia criminalis.

Die häufigste Form geistiger Erkrankung ist die Manie. Man braucht nun nicht etwa dabei zu denken, dass die Leute, wie der Laie oft meint, dabei die Wand hinauflaufen müssen. Ganz im Gegenteil! Es ist die stille Wut, das geheime, ruhige Konspiriren, das innere freche Denken, was diese Leute auszeichnet; es ist die *mania anti-gouvernementalis*.

Man versuche nur einmal, den Lebens- oder Bildungsgang solcher Menschen etwas genauer zu verfolgen. Das geht meist schon mit *Schiller* an, den sie auf den Schulen unter der Bank lesen. Es sind »die Räuber«, die frechen Frasen dieses unreifen Halb-Schenies – der gouvernementale *Goethe* verabscheute das Stük – die den jungen Leuten die Köpfe verrüken. Und wenn auch der Studienlehrer sich alle Mühe gibt, den Gegenstand sitlich, im Hinblick auf die sitliche Weltordnung – Gott erbarme sich dieser Braven! – zu wenden, so bleibt doch genug von dem Geist der Auflehnung, von dem *»in tirannos!«*, das der freche Feldscher mit einem Löwen auf das Titelblatt zeichnete[15] , um den zarten Jünglingen, welche diese geistige Kost neben *Thomasius* »Erste Religionsstufe«[16] in sich aufnehmen, für immer das Samenkorn der Auflehnung, des frechen Negirens, welches dann später in Raserei ausbricht, in die Seele zu legen. Die »Räuber« müssten immer und unter allen Umständen und allerorts verboten werden, und solten nur auf Bibliotheken und nur für Literarhistoriker, wo gegen eine Nachahmung genügende Sicherheit geboten ist, gelesen werden können.

Dann, auf den höheren Schulen, ist es besonders *Kant* und sein Sistem des *Zurüknehmens der Aussenwelt in den Kopf, in das Denken*,

---

[15] Die Ausgabe von 1782 hat einen »rechtsspringenden« Löwen auf dem Titelblatt, die Ausgabe vom folgenden Jahr einen »linksspringenden« Löwen, damit nur Jeder die ihm passende Gangart vorfinde; als ob es nicht schon an einem Löwen genug wäre!!

[16] Thomasius, Gottfried., Erste Religionsstufe. Erlangen 1853 ff. Das oftmals aufgelegte vortrefliche Schriftchen des so früh Verblichenen, dessen Brust die höchsten Staatsorden schmükten, bildet eine ausgezeichnete Vorschule für den späteren Beamten.

welches so junge Leute veranlasst, *den ganzen Staat in sich hineinzu-fressen*, und dort mit dem Höchsten und Heiligsten, mit dem *gouvernement* und den höchsten Würdenträgern – ja mit der geheiligten Person Seiner Majestät des jeweiligen Landesvaters – zu manipuliren, *als mit Denkformen zu spielen*, und inneren Unfug zu treiben. Nein, das kann nicht so weiter geduldet werden! Diese Leute kommen später alle zur Raserei. Dieses kritische Sistem hat seine *schweren Gefahren* für den *Verstand der Untertanen*. Diese Leute werden später alle manjakalisch. *Kant* selbst war nahe daran, den Verstand zu verlieren. Der preussische Minister, Exzellenz von *Wöllner*, liess ihm sagen, er müsse sich *auf das Äusserste* gefasst machen, wenn er die Geschichte nicht gehen lasse (gemeint war Gefängnis oder Irrenhaus, je nachdem). Nein! – besser das Irrenhaus frisst diese Leute wahrhaftig und leibhaftig auf, als dass *sie* psichisch mittelst ihres kritischen Denkens *den Staat auffressen* und dort inneren Anarchismus und kritischen Landesverrat treiben. –

Hat man also einen solchen Verdächtigen *in foro* zu untersuchen, und ihn auf Manie, *mania simplex*, hinauszuspielen – ich meine: ihn von *der* Seite der Anklage darzubieten –, so komt es vor Allem darauf an, dass man ein bischen in die Art des Angeklagten, zu reagiren, sich gesellschaftlich zu geben, oder Etwas von der Gemüts-Seite aufzunehmen, kurz in seine ganze frühere Krankheits-Geschichte eingeweiht sei. Meist sind es ja temperamentvolle, feurige und idealistisch angelegte Leute, die den schlimmen Pfad der Regierungs-Oposizion beschreiten. Und es komt nun darauf an, sie auszuholen und herauszukizeln. Dabei verfährt man gegenüber verschlossenen, wortkargen Menschen ähnlich wie die Jesuiten bei jungen Mädchen, wenn sie dieselben wegen Onanie examiniren. Geben leztere auf die Frage:»wie oft hast du's getan?« gar keine Antwort, so fragt der Jesuitenpater:»hast du's hundertmal oder zweihundertmal getan?«. Darauf erschreken die armen Kiemen und sagen:»ach nein! höchstens acht- bis zehnmal«. – So hier. Gelingt es, den Vorgeführten, dessen Manie man erweisen soll, so zu reizen und durch inquisitorische Fragen nach rein imaginativen Dingen, Notzucht, Unterschlagung, Päderastie etc. zur äussersten Wut zu entflammen, und so einen manjakalischen Anfall bei dem vielleicht leicht Erregbaren im Gerichtssaal selbst zu provoziren, dann nimt man gleich diese *mania*, diese zweite, experimentell erzeugte *mania*, als Beweismittel, und lässt die erste, die wissenschaftliche Manie, die *mania simplex*, fahren. Denn es ist durchaus nicht nötig, dass ein auf Konspirazjon gegen den Staat Verdächtiger an *mania duplex* leidet. Man nimt seine Manie, wo man sie findet. Und zur Beruhigung einer derartig flagranten Reizbarkeit, wie sie der Vorgeführte bewiesen, der vielleicht den ganzen Saal vollgespukt hat, sind mehrere Jahre Internirung, mindestens bis über die nächste Legislaturperiode, durchaus nicht zu viel. –

Wir gehen nun zur Kasuistik über, und bringen aus dem reichen Krankenmaterjal, welches die Geschichte aller Länder darbietet, einige besonders markante Fälle[17].

Beobachtung 1. *Manjakalische Erregung in Folge ungemessener politischer Agitazjon. Demagogisches Auftreten als Beamter. Emporlodern des Aufstandes. Tot unter den Knüppeln der zur Gegenwehr schreitenden Aristokratenpartei.* – Tiberius Sempronius Gracchus, 30 Jahre alt, aus guter Familie, begabt, aber kränklich, sieht sich die seiner aristokratischen Abstammung entsprechende Laufbahn verschlossen, lässt sich zum Volkstribun wählen und bringt, um sich bei den Massen einen Halt zu geben, ein komunistisches, die patognomonischen Merkmale einer verrükten Utopie auf der Stirn tragendes *Akergesez* ein, welches den Apetit der Massen aufs Äusserste reizt. In Folge der begreiflichen Widerstände, die dieses Vorgehen bei der ordnungsliebenden Aristokratenpartei findet, steigert sich der an und für sich labile und zu Erschöpfung neigende Gehirnzustand des Agitators zur Exaltazjon und manjakalischen Aufregung (*Mania Simplex*). Ideenflüchtige Reden mit megalomanischem Charakter: das

---

[17] Bei der Kasuistik der psichopatia criminalis mussten wir gelegentlich bis auf das entfernteste Altertum zurükgreifen, da gerade in jenen älteren Zeiten, da eine psichjatrische Erkentnis politischer Gehirnprozesse noch nicht möglich war, einzelne Fälle sich in voller Klarheit, ausserhalb des Irrenhauses, in breitester Öffentlichkeit, abspielten, und in schauerlich-schöner Weise zeigen, wie die kranken Ideen eines Einzelnen das gesamte politische Leben eines Volkes aufs Schlimmste beeinflussen können.

Volk wolle ihn zum König krönen. Eben, da das in seinen Magen-Hoffnungen sich getäuscht sehende Volk eine bedrohliche Haltung einnehmen will, komt die gut organisirte und disziplinirte Senats-Partei zuvor. Es bricht ein Aufstand aus, und Tiberius Gracchus wird im Strassenkampf mit 300 seiner Anhänger mit aristokratischen Stuhlbeinen erschlagen (133 v. Chr.).

»Solch einen Tag hatte Rom noch nicht erlebt!« ruft *Mommsen*[18] aus. Begreiflich! Wenn man das Irrenhaus auf die Strasse verlegt, kann man jeden Tag 'was Neues erleben. Es frägt sich nur, wo der Staat auf diese Weise hinkomt und was aus den ewigen Gesezen der Sitlichkeit wird.

Es ist klar, dass heutzutage in einem geordneten Staatswesen solche Vorgänge unmöglich wären. Um sie aber überhaupt und für immer unmöglich zu machen, ist es Pflicht des Sachverständigen, sich die leisesten Anfänge der *psichopatia criminalis* als Beobachtung zu eigen zu machen, und, insolange ein eigener Lehrstuhl für die politischen Gehirnprozesse noch nicht errichtet ist, und sich unsere Disziplin unter die Fittiche der gemeinen Psichjatrie flüchten muss, keine Gelegenheit zu versäumen, um sich aus der politischen Geschichte der Volkserhebungen psychologisch und psichjatrisch zu bilden. Die ersten Anfänge der kriminellen Psichopatie sind leise und flüchtig. Unter dem Lehrerstand, unter den jungen Assessoren, bei wilden, nicht rechtzeitig untergebrachten und verheirateten Teologie-Kandidaten (bes. in Würtemberg), bei Rechtsanwälten, jungen Doktoren, Privatdozenten findet man oft die wunderlichsten Geisteszustände. Und Leute, die von der Lektüre *Nietzsche's, Feuerbach's, Stirner's, Bruno Bauer's, David Strauss'*, also meist ganz exaltirter, verfahrener Köpfe, kommen, sind während einer gewissen Zeit, in denen Heroentum und idealistische Aufopferungsfähigkeit allen Sugestjonen willkommenen Eingang gewähren, äusserst gefährdet. Hier fasst der Bazillus einer geistigen Lepra, mit ihren Knollen und Auswüchsen eines hässlichen Demagogentums, nur zu leicht Wurzel. Ein halbjähriger Präventiv-Aufenthalt in einem gutgeleiteten psichjatrischen Internat ist um diese Zeit meist von äus-

---

[18] Mommsen, Th., Römische Geschichte. Berlin 1869. 5. Aufl. Bd. II. S. 92.

serstem Nuzen. – Es ist klar, dass wenn Tiberius Sempronius *Gracchus* rechtzeitig sistirt und detinirt worden wäre – was natürlich eine rechtzeitige wissenschaftliche Erkentnis der Krankheit und das Vorhandensein tüchtig-geleiteter Provinzjal-Irrenanstalten zur Voraussezung hat, – nicht nur die schwere Erregung und Schädigung der römischen Volksseele vermieden worden wäre, sondern auch sein Bruder *Gajus* das gleich frivole und niederträchtige Spiel nicht zwölf Jahre später mit noch grösserer Leidenschaft hätte wiederholen können. Denn sobald diese Leute merken, dass man keine Märtirer-Kränze mehr erringen, und von den Stuhlbeinen der Gegner nicht mehr erschlagen werden, sondern im Irrenhaus mit seinem bischen Gehirn verfaulen kann, lassen sie die Hände davon und hüten sich, gegen die von Gott – von wem? – von Gott, oder Jupiter, das ist in diesem Falle ganz gleich! – eingerichtete staatliche Ordnung sich aufzulehnen.

> Beobachtung 2. *Raptusartige Wutanfälle auf alkoholischer Grundlage. Schwere Majestäts-Beleidigungen durch die Presse. Verurteilung. Nach zehnjähriger Einkerkerung bedeutende Besserung. Rükkehr zur menschlichen Gesellschaft und zu geordneter Pressetätigkeit, Stirbt von seinem Fürsten dekorirt.* – Chr. F. D.

Schubart, 38 Jahre alt, Kantor und Schulmeister, wie es scheint nicht belastet, ausser durch einen unwiderstehlichen Hang, Verse zu machen, von guter musikalischer Begabung, ergibt sich früh dem Trunke und der Ausschweifung, kann sich auf der Universität nicht halten, wird wegen Schulden verhaftet; nach der Entlassung ruhiger geworden, verlebt er mehrere Jahre an einem stillen Ort als Schulmeister; seine beste Zeit; doch hält es den Ruhelosen, der sich inzwischen verheiratet, nicht, er komt in die Residenz, wo er den Fürsten und die Hofdamen durch sein glänzendes Orgelspiel fesselt; übermütig stürzt er sich in die tollsten Ausschweifungen, infizirt sich sexuell bei Hofe, infizirt die Familje, macht Spottgedichte auf die heiligste Litanei und den allerheiligsten dreieinigen Gott, die er in Musik sezt und mit schnörkelhaften

27

Verzierungen dem Schlussgottesdienst anfügt. Er muss fliehen, treibt sich bald da, bald dort, herum, immer *in Bacho et Venere* exzedirend, Frau und Kinder vernachlässigend. Endlich komt er in eine süddeutsche Reichstadt und gründet dort eine Zeitung. Auch hier zeigt sich sofort sein stark exzedirendes Benehmen, er stösst revoluzjonäre Rufe aus, wie:»O England, nur diesen Hut voll von deiner Freiheit!....«, wird wegen dieser Äusserung ausgewiesen – flieht in die nächste Reichsstadt, wo er seine Zeitung fortsezt und durch den frechen Ton derselben bedeutenden Absaz findet, er beschimpft alle 48 deutschen Potentaten auf's Maasloseste, indem er ihre Mätressen aufzählt und ihnen verbieten will, zur Unterhaltung ihrer Privat-Bordelle und Balett-Häuser die Landessöhne als Soldaten in's Ausland zu verkaufen. Endlich wird der Gauner, dessen Nervensistem vollständig zerrüttet ist, und der unter der toxischen Einwirkung von Bier und Tabaksqualm die maaslosesten politischen Konjekturen über die Einigkeit Deutschlands und die Selbstbestimmungsfähigkeit des deutschen Bürgerstandes produzirt hatte, verhaftet und in Kerkerhaft abgeführt. *Der Zustand bessert sich sofort.* Er verlangt zum Abendmahle, betet brünstig zu Gott, lässt alles irdische Versemachen bleiben, nimt dreissig Pfund ab; die»raptus«-artigen Entwürfe und temperamentvollen Einfälle bleiben gänzlich aus; ein tiefer Seelenfriede zieht in sein Inneres ein. Als er nach zehnjähriger Haft durch einen Zufall entlassen wird, ist er ein ganz Anderer geworden. Als Hoforganist gelingt es ihm, in meisterhafter Weise vor der Mätresse des Allerhöchsten die Orgel zu spielen. Er gewinnt voll die Gunst seines Fürsten. Auf dessen Wunsch sezt er die Zeitung zum Vorteil der Hof-Schatulle fort, aber ganz in Geist und Auffassung des Gottesgnadentums der Monarchen und der von Gott für die Völker aufgestellten Führer und Leuchten.

Geachtet von allen Ehrlichen des Landes stirbt er
bald darauf dekorirt von seinem Fürsten.

Es ist dies einer der wenigen Fälle in der Geschichte menschli-
chen Geistes und menschlicher Ausartung, in dem der *nexus* von
Ursache und Wirkung so eklatant zu Tage tritt. Derartige Fälle aber
ereignen sich jeden Tag. Nicht nur zu jener Zeit, wo der eben berührte Fall sein Ablaufen hat, im 18. Jahrhundert, sondern auch
heute üben Bier und Tabaksqualm ihre verderbliche Wirkung auf
die Gehirne von Untertanen. Und wenn auch nicht immer ein so
auflodernder Geist, eine so dichterische Anlage, eine so exzedirende
Fantasie dem Verbrechen zu Hülfe eilt, wie in dem Fall des Rubri-
katen, so ist es doch wichtig für den Sachverständigen, den Zeitpunkt zu kennen, wann die Ideen von Untertanen auch ohne die
verstärkenden Wirkungen des Temperaments einen Grad von Selb-
ständigkeit, oder Neigung zu manjakalischem Räsonnement, ange-
nommen haben, dass ein längerer Verzug in der Freiheit gefährlich
werden könte, und die Grenzen der ausserhalb der Irrenhausmau-
ern möglichen geistigen Freiheit überschritten sind.

Einzig betrübend an dem Fall des quäst. *Schubart* ist der Umstand, dass in damaliger Zeit die Schranken, innerhalb deren der
Untertanen-Verstand sich bewegen konte, viel weiter gezogen waren, wie heute, und dass bei offenkundigem Ausbruch der Geisteskrankheit, sei es in der Presse, sei es durch ausgestossene Majestäts-
beleidigungen, die Ergreifung des Erkrankten in Folge mangelhafter
Auslieferungs-Verträge mit den Nachbarstaaten so erschwert ward.

In jedem Fall wird der Sachverständige aus diesen beiden Zeug-
nissen, die der öffentlichen Geschichte angehören, soviel gelernt
haben, dass es genau darauf ankomt, den Zeitpunkt zu bemerken,
da die Ideen bei gewissen Untertanen zu lebhaft, zu reich, zu üppig,
zu sehr auf den Hof gerichtet, sich erschliessen, um Vorkehrungen
zu treffen, dass bei erstem Ausbruch von manjakalischer Erregung
oder politischer Tobsucht, welches beides Teile der *psichopatia criminalis* sind, Sistirung des Erkrankten bewirkt werde, beides, um
den Hof und die menschliche Gesellschaft vor ihm zu schüzen, und
ihn selbst der Heilung entgegenzuführen.

Melancholia – Melancholie als dritte Form der psichopatia criminalis.

Die Melancholie, das ist nun eine echt deutsche Krankheit! Vergissmeinnicht-Krankheit – »Röslein-Röslein-rot«-Krankheit – Blizblaue-Äuglein-Krankheit. –

Bis in die süssesten Geheimnisse des Herzens dringt diese Psichose und offenbart all' Eure Sehnsucht, all' Eure Liebe, all' Euer Jammern über das verlor'ne Glück, das immer da ist, wo Ihr nicht seid. Und Eure Lieder, Euer Singen und Sagen, Euer Flehen um die Herzallerliebste, um's »Resele« und um's »Bärbele«, Eure Gesänge von » *helden lobebaeren*«, und Euer tiefes Verlangen nach der »blauen Blume« und dem Jenseits liegt in dieser *melancholia germanica*. Ihr seid das tiefsinnigste und me-* Volk dieser Erde. Und man braucht nur in Eure Augen zu sehen, um die Tiefgründigkeit Eures Empfindens, Euren Sehnsuchtsschmerz zu erkennen.

Und weil Ihr denn das Sehnen nicht lassen könt, so sehnt Ihr Euch *nach anderen politischen Zuständen*. Ja, zum Henker, was geh'n Euch die politischen Zustände an? Kümmert ihr Euch um die politischen Zustände *anderer* Länder. Schreibt über englische Verfassungs-Geschichte[19] , oder über die französische Revoluzjon[20] , oder über Römische Geschichte[21] , wie Ihr das bisher zur Zufriedenheit dieser Länder gethan habt, aber was gehen Euch Eure politischen Zustände an? Wisst Ihr nicht, dass diese ein für allemal durch die von Gott über Euch bestelten Fürsten geregelt sind? Und dass diese Fürsten zum Teil schon seit 800 Jahren über Euch regieren? Und dass diese Fürsten sich auf diese lange Regirungszeit berufen?: dass man doch nach *so langer* Zeit keine Veränderung herbeiführen könne?

---

[19] Gneist, Rud., Englische Verfassungs-Geschichte. Berlin. 2. Aufl. 1889, ein vorzügliches Werk.

[20] Sybel, H. von, Geschichte der französischen Revoluzions-Zeit 1789-1800.5 Bde. Stuttgart 1853-1879. Das Beste, was man in der Art lesen kann!

[21] Mommsen, Theodor, Römische Geschichte. Bd. I, II, III und V. Berlin 1854. 8. Aufl. ebd. 1888.

Die seit 800 Jahren regieren, berufen sich auf die 800 Jahre. Und die seit 600 Jahren regieren, berufen sich auf die 600 Jahre. Und die seit 50 Jahren regieren, berufen sich auf die 50 Jahre. Und die seit 10 Jahren regieren, berufen sich auf die 10 Jahre. – Nach so *langer* Zeit! Und Ihr, deren Gedanken vielleicht erst seit Vorgestern datiren, wolt dagegen aufkommen! – Gerade in dem Punkt, in dem es nichts zu »sehnen« gibt, kaprizirt Ihr Euch aufs »Sehnen«! – Warum soll denn ein »angestamtes Fürstenhaus«, das seit 800 Jahren regiert, nicht noch einmal 800 Jahre regieren, und dann erst recht noch einmal 800 Jahre – und dann wiederum erst neuerdings 800 Jahre – und dann immer und immer wieder 800 Jahre?......

Ja, wie lange denn?

Immer, immer, immer, immer! – Wenn erst ein Fürstenhaus viermal 800 Jahre, 3200 Jahre über Euch geherrscht hat, werdet Ihr dann nicht endlich Euer »Sehnen« aufgeben? – Sehnt Ihr Euch nach Veilchen, nach hübschen Mädchen, nach Turnerfesten, nach Gesangsvereinen, nach Manöver, von mir aus auch nach Gott, Himmel und Erde, aber lasst Euer Sehnen nach neuen Regierungsformen, auf welchem Gebiet Euch jedes Urteil abgeht, und eine Ansicht nimmermehr zusteht.[22]

Da skandalisirt Ihr und schreit so alberne Frasen hinaus, wie: »es genüge nicht der Besiz einer gestikten Pferdsdeke, um über die Deutschen herschen zu dürfen!« – Ich sage Euch: es *genügt* der Besiz einer gestikten Pferdsdeke, um über die Deutschen herschen zu können! Und wer das nicht einsieht, und verlässt sich auf sein seelisches Grundfänomen des »Sehnens«, und lässt sich die Augen übergehen, und seufzt und tut, und wird melancholisch, der leidet an *psichopatia criminalis*; denn Melancholie und falsches Sehnen,

---

[22] Es muss als ein glücklicher Zug bezeichnet werden, dass die deutschen Regierungen dem in lezter Zeit unter den gebildeten Massen so lebhaft aufgetretenen Bedürfnis nach Ansichts-Postkarten nach Möglichkeit entgegengekommen sind, da – abgesehen von den erhöhten Einnahmen des Staats – das Publikum auf diese Weise seine verbrecherische Lust, eine Ansicht über die Politik seines Landes zu gewinnen, wenigstens in Form von Ansichts-Postkarten befriedigen kann; statt Einsicht in die Politik zu verlangen, wo ihm nach Lage der Umstände derzeit wenigstens jede Einsicht notgedrungen abgesprochen werden muss. –

regierungswidriges Sehnen, sind Teile und Simptome der *psichopatia criminalis.* Ihr braucht keine revoluzionären Handlungen zu begehen, Ihr braucht Niemanden von der »gestikten Pferdsdeke« herunterzureissen, Ihr braucht nicht Zeter-Mordjoh zu schreien, Eure verdamte Sehnsucht genügt mir, Euer Singen von allzu patriotischen Liedern, in denen der Name »Teutsch« eigentümlich betont wird, ohne dass vorher das Hoch auf die Majestät ausgebracht ist, Euer Pokuliren und Singen von Freiheitsliedern – was ist das »Freiheit«? – Euer Amüsiren und Hochzeitsfeiern, ohne dass Ihr an den Allerhöchsten denkt und ihm das erste Glas dargebracht – das Alles ist mir ein Greuel, das Alles sind Simptome nicht geregelter seelischer Gesundheit – o Ihr braucht nicht zu randaliren in diesem Kapitel (wir stehen jezt bei der Melancholie), es genügt, dass Ihr stumpfsinnig beim Glas Bier sizt und denkt – an was denkt? – und zwischen den Zähnen murmelt

>   »Freiheit, die ich meine,
>   süsses Engelsbild ....«,

ja, was meinst du, Kranker, für eine Freiheit?

Reden wir ein bischen vom Irrenhaus!

Es gibt wol keinen Abschnitt in der ganzen deutschen Geschichte, in der das Verlangen nach Irrenhäusern ein so mächtiges war, wie in der Zeit von der Gründung des deutschen Bundes an bis zum Jahr 1848. Alles was die Leute damals auf ihren Schüzen- und Turnerfesten, die Studenten und Professoren auf ihrem *Wartburgfeste* (1817), die Liberalen und Demokraten auf ihrer *Hambacher* Verbrüderung (1832) zusammen-»sehnten«, -sangen, -turnten und -schrieen, war melancholisches Gewäsch, zum Teil unter manjakalischer Aufführung, was viel besser, besser für die Beteiligten wie für die Zuschauer, sich in den kühlen Korridors und den bequemen Bade-Räumen razionell geleiteter Dentenzjons-Anstalten abgespielt hätte. Diese Leute wolten alle die Einheit Deutschlands, die Freiheit, die Verbrüderung, umarmten und umhalsten sich in ihrer »Vergissmeinnicht-Sehnsucht« und verschmolzen mit ihren Seelen unter dem mistischen Simbol der »blauen Blume« – aber sie wolten das Alles *ohne die deutschen Fürsten;* ohne die deutschen Fürsten, die

doch von Gott zur Überwachung der deutschen patrjotischen Ge-
lüste eingesezt waren.

>>Fürsten zum Land hinaus,
Jezt komt der Völkerschmaus ....<<

derartig frivole, gotteslästerliche Verse (denn wer die Fürsten
schmäht, lästert Gott, der die Fürsten eingesezt hat), oder:

>>Fürsten gebt die grossen
Purpurmäntel her,
daraus macht man Hosen
für das Freiheitsheer ....<<!!

Das ist Irrenhaus-Poesie, wie sie erst jüngst von *Lombroso* und *du
Prel* in ihren Studien zur Mistik des Irrenhauses vortrefflich charak-
terisirt wurden.[23] Wie schon in der Einleitung gesagt: ein mässig
grosses Irrenhaus zwischen *Frankfurt* und *Karlsruhe* hätte diese ganze jammervolle Bewegung, vor der der Genius der deutschen Fürsten traurig die Fakel senkt, im Keime erstikt, und sie, statt in der
deutschen Geschichte, auf die Krankenbögen einer human geleiteten Provinzjal-Irrenanstalt verzeichnet. Leider waren die Simptome
der *psichopatia criminalis* damals noch so wenig studirt, einerseits,
andererseits die Sicherheit und das Selbstbewusstsein der deutschen Fürsten im Hinblik auf ihre Unentbehrlichkeit und ihr Gottesgnadentum noch nicht auf der glüklichen Höhe angelangt, wie
heute.

Aus der Fülle des aus jenen Jahren vorliegenden Kranken-
Materjals geben wir hier nur einige der markantesten Fälle, wie sie
sich gerade der junge Arzt und der junge Verwaltungsbeamte ein-
prägen muss.

Beobachtung 3. *Paranoische Veranlagung. Forsirtes
Autodidaktentum zur Stüze der wahnhaft gehobenen*

---

[23] Lombroso, C., Il genio nei pazzi: L'uomo di genio. 5° ediz. Torino 1888. p.
150ff. – Carl du Prel, Mystik im Irrsinn. Psychische Studien, Zeitschrift der
Untersuchung der Phänomene des Seelenlebens gewidmet. Leipzig. 16. Jahrg.
1889.

Persönlichkeit. Religiöser Wahnsinn. Gotteslästerung. Wiedertäuferische Allüren. Gefängnis. Später rapide geistige Erschöpfung und Tot. – Wilhelm Weitling, Schneider, wie alle deutschen Schuster und Schneider von einem spekulativ-mistischen Trieb beherrscht, der unbegreiflicher Weise selbst vor den heiligen Tronen der Allerhöchsten nicht Halt macht. 38 Jahre alt, mit wertlosem Wissen den Kopf vollgepfropft, begint er, nachdem er sich auf der Wanderschaft viel herumgetrieben, in Genf ein gut charakterisirtes paranoisches Glükseligkeits-Sistem vorzutragen, welches, wie dies so oft geschieht, – siehe: Christus' Erfolg bei Zöllnern, Fischern, Prostituirten – bei unwissenden, blutleeren, sugestiblen Proletariern Anhang findet. – In seinen Büchern heisst es z. B.:

»Brüderlichkeit durch Wiedereinführung des Du-Wortes, durch Übung im Verzeihen jedweder Beleidigung, durch die Gewohnheit, jedes Vergehen als eine Krankheit zu betrachten[24] ....

»Mässigkeit in allen Lasten und Genüssen beobachten, soviel dies jezt nur immer möglich ist, weil man sich dadurch einen Schaz erhält, der Gesundheit heisst und über Reichtum und Ehre geht....

»Jede Ohrenbläserei mit Beschämung des Ohrenbläsers zurükzuweisen, selbst wenn sie Wahrheit enthält. Jede Unzufriedenheit mit dem Betragen eines der Brüder ihm selbst unter vier Augen äussern, und nicht vorher gegen einen andern, darum auch jeden, der uns öffentlich beleidigt und beschimpft, als einen Kranken ansehen, der in demselben Augenblick nicht Herr seiner selbst ist,

---

[24] Den Forscher und Patologen wird es interessieren, wie die moderne bibelwidrige und von den Regierungen nicht anerkante Lehre von der Auffassung des Verbrechens als einer Krankheit, als einer Zwangshandlung, so weit und auf so kranke Spur zurükgeht, wie hier.

ebenso jeden Verbrecher, und deshalb auch Niemanden, der zu Gefängnisstrafen und dergleichen verurteilt wird, verachten ...[25] «

Soviel Worte, soviel Unsinn. Fast jeder Gedanke regierungsfeindlich. Bald begann der Kranke in psalmodischer Sprache zu reden und sich Christusähnlich herauszudrapiren:

»Kommt Alle her, die Ihr arbeitet, die Ihr mühselig, beladen, arm, verachtet, verspottet und unterdrükt seid; wenn Ihr Freiheit und Gerechtigkeit für alle Menschen wolt, dann wird dies Evangelium Euren Mut von Neuem stählen und Eure Hoffnung frische Blüte treiben ....[26]

»Es wird die bleichen Wangen der Sorge wieder färben, und in das Auge des Kummers einen schönen Strahl der Hoffnung werfen.

»Die entmutigten schwachen Herzen wird es stärken, und in das Hirn des Zweiflers die Macht der Überzeugung giessen.

»Auf die Stirn des Verbrechers wird es den Kuss der Versöhnung drüken, und die finstern Mauern ihres Kerkers mit einem Schein der Hoffnung lichten«.[27]

Gegen diese Beschönigung des Verbrechens und *Schiller'*schen Frasen-Schwulst schritt endlich die

---

[25] Aus den gerichtlicherseits beschlagnahmten Manuskripten Weitlings.

[26] Es ist dieselbe aufreizende Sprache, die man auch heute, erst neuerdings bei Gelegenheit des grossen Hamburger Hafenarbeiter-Streiks, von verschiedenen Seiten hören konte, und die immer und unter allen Umständen pervers, und niemals bei den Fürsten Gefallen finden kann.

[27] Weitling, W., Das Evangelium des armen Sünders. Bern 1845. – So geht es, wenn man diesen Leuten die Bibel in die Hand gibt. Die katolische Kirche hatte in dieser Beziehung einen richtigen Blik, den Laien die Bibel gänzlich zu versagen. Sie lernen nur die poetische Sprache und beweisen Einem schliesslich die Haltlosigkeit des Christentums aus der Bibel, was nicht im Interesse der Fürsten sein kann.

Regierung ein. *Weitling* wurde wegen Gotteslästerung und Angriffs auf das Eigentum in's Gefängnis geworfen. Viel zu spät! denn während Jahrelanger Agitazion hatte der selbstbewusste Schneider Tausende angestekt. Charakteristisch ist, dass sich *Weitling* auf *Luther, Karlstadt* und *Thomas Münzer* berief, Leute, die die inzwischen rührig fortschreitende Wissenschaft längst selbst als geisteskrank erkant hat. Das Resultat seines Gefängnis-Aufenthalts, einen Haufen verschrobener, weinerlicher Fantasieen – zu was weinen diese Leute? – gab der bekannte, selbst revoluzjonäre *Heine*-Verleger, Hoffmann und Campe in Hamburg, der ohne einen einzigen preussischen Orden gestorben ist, im Druk heraus.[28] *Weitling* selbst flüchtete sich bald darauf nach Amerika, wo ihn ein später, geistiger Tod ereilt hat. – Eigentümlich ist, dass Weitling noch immer in Konversazjons-Lexika genant wird. Dort gehört er doch nicht hin; sondern in die Fach-Literatur.[29]

Handelt es sich bei *Weitling* um einen dünnfadigen Schneidergesellen mit verschlissenen Gefühlen und wasserblauer Vaterlandsliebe, so steht mit der folgenden Figur ein mehr trunkener, vollblütiger, schulternbreiter und troziger Mensch vor uns, der mit pochendem Herzen und wildem Patos sich »an's Vaterand, an's teure, an-

[28] Weitling, W. Kerkerpoesieen. Hamburg 1844.

[29] Auch die geisteskranken Elaborate Weitlings werden immer noch gekauft und neu aufgelegt.»Evangelium des armen Sünders«, Bern 1845, erschien schon 1848 in dritter Auflage. 1843 erschien eine französische, 1846 eine norwegische Übersetzung. Ende der achtziger Jahre erschien ein anastatischer Nachdruck der Berner Ausgabe. München 1894 erschien ein Neudruk, herausgegeben von Eduard Fuchs, und von dieser Ausgabe 1897 schon die 2. Auflage. – Von »Die Garantieen der Harmonie und Freiheit« (die in keiner psichjatrischen Bibliotek fehlen solten), Vivis 1842, erschien 1845 die zweite, 1849 die dritte Auflage. 1846 eine norwegische, 1849 eine französische Übersezung. Eine kritische Ausgabe der sämtlichen Schriften Weitlings soll sogar von Dr. C. Hugo in Stuttgart in Angriff genommen sein. Wohin soll das führen? Die deutschen Fürsten solten das nicht erlauben. Von solcher Poesie haben wir doch wahrhaftig schon an Schiller genug.

schliessen« wolte, statt an die Bezirksgerichtlichen Verordnungen seiner Gemarkung. Diese Sorte von *melancholia atra* und *attonita* mit ihrer wilden Geste, ihren rollenden Augen, Brustton der Überzeugung und mit dem Prunken eines kolossalen Gefühls, ist nicht weniger gefährlich als die wasserblaue, dünnfieslige *melancholia subtilis* und *sentimentalis*. Schleicht diese sich mit flüsterndem Zweifel und Herrnhut'schen Lämleins-Frasen in die Herzen regierungsfreundlicher Untertanen, so reissen jene mit dem blutigen Anprall eines *Schiller*'schen Patos und den Mörsern donnernder Beredsamkeit ihre Zuhörer in einem Augenblike nieder und drüken ihnen erbärmliche Stimmzettel in die Hand. In beiden Fällen ist die Irrenstazjon die einzige Rettung für solche Ästetiker. Hier, der Schneider, auf die ruhigere Abteilung, dort, der Gerber, der Mezger, der Gürtler, oder was er gerade ist, auf die unruhige Abteilung. Kein Wunder, dass auch der Held des vorliegenden Falls, da er in der Freiheit behandelt werden musste, binnen Kurzem vor dem Peletonfeuer östreichischer Gardisten sich in seinem Blute wälzen musste.

Beobachtung 4. *Schwärmerische Vaterlandsliebe (patriotismus exaltans). Grössenwahnsinnartige Ausgeburten und patrjotische Gründungen (megalomania patriotica). Erschöpfung und Tot durch die Regierung. – Robert Blum*, 41 Jahre, mit von Hause aus geordneten und gutmütigen Anlagen, komt durch seine Beschäftigung mit dem Teater und der Welt des Scheins zu der Anschauung von der spielenden Leichtigkeit der Herbeiführung politischer Ereignisse und Staatsakzjonen. Mangelhafte Selbstkritik. Überwuchern des Anschauungslebens. Als er, von Köln nach Leipzig übergesiedelt, in literarische Zirkel komt, sieht er, von unläugbarer oratorischer und schriftstellerischer Fähigkeit unterstüzt, wie leicht es gelingt, Ideen in Wirklichkeit umzusezen. Er verfält nun ganz dem Grössenwahn, gründet »Vaterlands-Blätter«, »Vaterlands-Vereine«, »Vaterlands-Handbücher«, ganz im Sinne seiner überquellenden patriotischen Begeisterung. Die Behörden werden auf den Exaltirten aufmerksam. Da es an tüchtigen psichjatrischen

Lehrbüchern fehlt, wird er unter das politische Gesichtsglas genommen, und die »Paragrafen« normirt, unter denen er früher oder später gefasst werden kann. In Frankfurt, wohin er von einer urteilslosen, selbst erkrankten Wählerschaft geschikt wird, reisst er die in vornehmer Sitlichkeit beratenden Mitglieder des Bundestages zu unüberlegten Beschlüssen hin, und bringt das ganze Staatsschiff in gefährliches Schwanken. Nach Wien delegirt, stürzt er sich mit maasloser Begeisterung in diese Missjon, um die guten östreichischen Bürger von ihrem edlen Herrscherhause loszureissen und an's teure Vaterland anzuschliessen. Der Fall wird dadurch zu einem Grenzfall von *melancholia atra* und *mania complicans*. Noch rechtzeitig gelingt es dem edlen Fürsten Windischgrätz, die belagerte Stadt einzunehmen, bevor unter den so leicht empfänglichen Wienern eine allgemeine Manie und Vaterlands-Verbrüderung Plaz gegriffen. Der Kranke wird in einem Zustand tiefster Erschöpfung in einem Gasthaus aufgegriffen, unter einen der rasch gezimmerten fürstlichen Paragrafen eingeschachtelt und zum Tot durch den Strang verurteilt. Auch hier liess der edle Fürst Milde walten und begnadigte den Kranken, dessen Zustand der edle Fürst vielleicht erkante, zum Regierungstod durch Blei. Tot durch die Regierung am 9. November 1848. Wegen der Schnelligkeit des Begräbnisses konte eine Sekzjon der Leiche nicht stattfinden, die zweifellos ein turgeszentes Gehirn und die nötige Verwachsung der Gehirnhaut mit der Schädelkapsel ergeben hätte.

Wir begnügen uns mit diesen beiden Krankheitsfällen zur *melancholia subtilis* und *atra* in ihren regierungsfeindlichen Formen. Dem verständnisvollen Leser wird klar geworden sein, wie es sich gerade hier darum handelt, möglichst frühzeitig die ersten Simptome dieser schweren Staats-Psichosen zu erkennen, früher, als die davon Befallenen ihre melancholischen und sentimentalen Schriften und

Drukwerke über die Hinfälligkeit der alten Regierungsformen und die Entbehrlichkeit der von Gott bestehen Fürsten veröffentlicht haben. Das Jahr 1848 und die ihm vorausgegangenen Zeiten bieten auf Schritt und Tritt eine Fülle von kasuistischem Materjal für die staatsfeindlichen Gehirn-Erkrankungen, das leider auf den Universitätskliniken und in den psichjatrischen Hörsäälen noch immer nicht genügend ausgenüzt ist, so dass es den Studenten oft schwer, und nur gelegentlich aus der Beschaffenheit der Knopflöcher ihrer Professoren möglich, wird, zu erfahren, wie selbe über diese politischen Krankheitsformen denken. Besonders die lirischen Psichosen der dreissiger und vierziger Jahre mit ihrem staatsfeindlichen Augen-Aufschlagen und fürstenwidrigen Jammern, mit ihren illegalen Gefühlen und erotischen Stammeln vor Kommerzjenratstöchtern (die man nun und nimmer heimführen kann), diese und ähnliche mit unstatthaftem Weltschmerz und Seelen-Zerrissenheit einhergehenden Erscheinungen sind noch lange nicht genügend in ihrem patogenen, Trone-erschütternden und Fürstenmätressenbeunruhigenden Wert erkant und gewürdigt. Und gerade hier wäre eine eingehende und scharfe Instrukzjon der jungen Ärzte und angehenden Kreisphisici von ungeheurer Wichtigkeit; besonders in unsern heutigen so traurigen, fürstenverachtenden Zeiten, in denen leicht wieder eine *mania* wie in den dreissiger und vierziger Jahren dieses Jahrhunderts Plaz greifen kann, deren erkrankte Geister dann das treue, vertrauensvoll zu seinem – oder seinen – Fürsten aufblikende Volk schneller anstekt, als man glauben mag, und wobei dann Hülfe zu spät komt.

Paranoia – Verrüktheit als lezte Äusserungsform der psichopatia criminalis.

Es ist vielfach behauptet worden, die Geschichte der deutschen Seele sei nur ein Abschnitt aus dem grösseren Kapitel *Paranoia* eines Lehrbuches der Psichjatrie, – und es ist richtig: die deutsche unsterbliche Seele ist eine kranke, verrükte Seele. Aber nicht darum handelt es sich hier. Hier handelt es sich darum, die einzelnen Angehörigen dieses unglüklichen Volkes *in foro*, vor Gericht, nach den Grundsäzen der von Gott in Deutschland eingerichteten Fürstentümer – *at her majesty's pleasure*, wie es in England heisst – noch einer besonderen, bitterbösen, unverzeihlichen, tief im Herzen ruhenden und daher unkurirbaren, Verrüktheit zu zeihen, und dieselben entsprechend zu verwahren und unterzubringen.

Diese Verrüktheit, diese Herzenshärtigkeit, diese *paranoia* der Gesinnung, ist ein Teil der *psichopatia criminalis*, von der wir in diesem Buche handeln.

»Der innerste Kern dieser grossen Krankheitsgruppe (*paranoia*) ist eine primäre Störung im Vorstellungsleben in Form einer Hemmung oder Förderung der Ich-Gruppe mit allegorisirender Apperzepzion«, sagt *Schüle*[30] . – Vortrefflich! Was wollen die Leute mit ihrem Ich? Da werden in Landtagen und Volksversamlungen, auf Schüzenfesten und bei Bierbank-Gesprächen immer diese Iche gefördert, geschwelt, in's Unendliche getrieben, sogar noch Diäten für sie verlangt – und schliesslich können diese Leute nicht mehr richtig perzipiren – von der Apperzepzion zu geschweigen – konstruiren total falsche Allegorien vom »suweränen Ich«, vom »suweränen Volk«, von der »Mutter *Germania*«, »Deutschland über Alles« etc., und die nur bei einer tadellosen Apperzepzion sich bildenden höchsten Ideen-Gruppen »Gott«, »Fürst«, »königliches Begnadigungs-Recht«, »Staatshoheit«, »Gottesgnadentum«, »Salbungsordnung des Adels«, »Post- und Paket-Freiheit für den Hof« etc. etc. gehen verloren. Solche Leute finden sich natürlich in der monarchischen Aussenwelt nicht mehr zurecht, und was bleibt übrig, als die schwer Entgleisten möglichst frühzeitig einem Asil zu übergeben? –

---

[30] Schüle, H., Klinische Psichjatrie. 3. Aufl. Leipzig 1886. S. 131.

»Der Kranke bleibt bei dieser inneren Erweiterung des persönlichen Ich nicht stehen, sondern macht darüber hinaus den Sprung in's Objektive. Damit begeht er aber einen grossen Trugschluss, insofern er eine *innere* Ursache in der *Aussenwelt* sucht.«[31] – Wiederum ganz vorzüglich! Was hat der kranke Deutsche in der *Aussenwelt* zu suchen? Er bezahle seine Steuern in der Aussenwelt, und gehe dann fröhlich schlenkernd vom Rentamt nach Hause. Er hat Nichts von seiner *Innerlichkeit* zu objektiviren. Seine Innerlichkeit, der Siz der Seele, das ist jener erbärmliche Zustand, mit dem der Deutsche schon zur Zeit des heiligen römischen Reichs niemals fertig wurde. Er bleibe uns zu Hause mit dieser miserablen Hülflosigkeit. Will er seine kranke Innerlichkeit pflegen, und schluchzend seiner Seele nachgehen, dann mag er früh, wenn der Tau noch auf den Feldern liegt, hinausgehen und sein »Sah ein Knab' ein Röslein stehen« singen, seine Vergissmeinnicht-Blumen pflüken, die Lerchen schmettern, und die Bächlein murmeln hören. Aber sobald die Sonne der Majestät am Himmel steht, hat er in der Aussenwelt nichts zu suchen, hat ruhig zu sein und seinen Geschäften nachzugehen. Er verschliesse seine Innerlichkeit, diese deutsche Seele. Diese deutsche Seele ist verrükt, ein hilfloses, jämmerliches Gebilde, ein trauriges Gespenst, das sich im Sehnen verzehrt, und scheu den Taten aus dem Wege geht. Steigt es aus seinem mistischen Gehäuse empor an die Öffentlichkeit, und will sich sehen lassen, sich manifestiren, sich objektiviren, sich in Aussenwelt umsezen, dann ist dieses Gespenst, diese Seele, sofort als »Trug«, als »Wahn« zu paken und festzunehmen, einzusperren und abzustrafen. Denn das Wesen der deutschen Seele ist – Seele zu bleiben und niemals Tat zu werden.

Es ist nun für den jungen Arzt, für den Juristen, für den Polizeibeamten wichtig, den äusseren Habitus sowohl, wie die ganze psychologische Struktur solcher Individualisten, solcher »erweiterter Ichs«, solcher Seelenmenschen, die von der grössten Gefahr für den monarchischen Staat sind, kennen zu lernen. Man erinnert sich noch an die Beschreibungen der »verbissenen Demokraten« aus den achtundvierziger Jahren, mit ihren energischen Bärten, ihren Höker-Hüten, ihren frechen Wämsen, gelegentlich ihren Loken eines

---

[31] Schüle a. a, O. S. 131.

»tewtschen Jünglings« u. drgl., daran hat sich im Grossen und Ganzen nicht viel geändert. Nur sind jezt von zwei Seiten Angliederungen erfolgt, deren jede wieder ihre besondere Fisionomie hat: auf der einen Seite proletarische Gesellen mit dem trozigen Blik des Schmieds, der listigen Visasche des Schreiners, dem superintelligenten Gesicht des Schneiders etc., Leute, die verhältnismässig verdamt viel gelesen und den ganzen Materjalismus der sechziger Jahre inne haben. Dann, von der andern Seite, jene verzweifelten Doktoren, Professoren, Schurnalisten, Redaktöre und Privatgelehrte, die meinen, sie haben ein kompletes, neues, filosofisches Sistem, oder eine wirtschaftliche Welt-Ordnung, in ihrem Tintenfass. – Vor Gericht ist es mit ihnen Allen immer dieselbe Geschichte. Sie erscheinen in möglichst tadellosem Anzug, wie zu einer Beerdigung, geben sich so das *air* wakerer Männer, berufen sich auf irgend ein idealistisches Sistem – *Kant, Luther, Hegel* – das in ihrer gewaltigen Brust festverschlossen, wie in der Höhle *Xa-Xa,* schlummert, – atmen falsch, sprechen falsch – verhunzen die deutsche Sintax – frösteln, wenn der Herr Präsident sie anspricht – *und merken nicht, dass sie krank sind.* Ein einziges Wort von Seite des königlichen Präsidenten – *»Dolus!«* – und ihr ganzes idealistisches Gebäude, welches sie auf Kateder und Bierbänken Jahrzehnte hindurch gefeilt und memorirt haben, bricht unter dem spöttischen Mitleid der beisizenden königlichen Herrn Räte jämmerlich zusammen. – Man sieht förmlich, wie diese Angeklagten anfangs mit ganzen Wagons Idealismen für ihre Verteidigung angefahren kommen, – immer neue Massen – Geschichte, Literatur, Reformazjon, Nazjonal-Ökonomie – wie sie gar nicht glauben können, dass sie Unrecht haben *könten* – und vor dem Lippenkräuseln des königlichen Herrn Präsidenten, vor einem einzigen Strahl seines, selbst von der kaiserlichen Gunst beleuchteten, Antlizes, und damit erleuchteten Intellekts, schmelzen alle diese Einwände und konstruirten Eisklöze dahin, wie der Frühlingsschnee vor der *Majestät* der Sonne.

Es handelt sich nun darum – und damit stehen wir auf der Höhe der Humanität – nicht das *Verbrechen,* sondern die *Krankheit* dieser Leute – wir reden von den *Angeklagten!* – zu erweisen. Wer auf Grund und unter Berufung auf irgend eine Idee – von *Plato* bis *Smith* – von *List* oder *Lasalle* – von *Campanella* oder *Marx* – zu der Schlussfolgerung von einer Einschränkung, Herabminderung, Herabwürdigung, oder gar Entbehrlichkeit, der von Gott von Ewigkeit her beschlossenen, und von IHM SELBST eingesezten deutschen Monarchieen (*inclusive* Lichtenstein), komt, der ist *a priori* krank, er hat den *dolus criminis laesae majestatis* wie einen Pfahl im Fleisch steken, ohne dass er es merkt, er ist durch die Schlussfolgerung an und für sich schon – ohne dass der königliche Herr Präsident ein Wort zu sprechen braucht – zum Verbrecher geworden. Der moderne Staat will aber an des Jahrhunderts Neige, und mit Rüksicht auf die *Idee* – von der man noch nicht ganz genau weiss, ob sie von Gott stamt (von dem auch das Gottesgnadentum der Fürsten stamt), diese Leute in Asilen, in Krankenhäuser, in Ideen-Anstalten, unterbringen. Und für den jungen Arzt, für den Polizeibeamten, handelt es sich nun natürlich darum, möglichst frühzeitig die ersten Simptome dieser unsichtbaren, deletären, verbrecherischen, – meist durch Bücher sich fortschleichenden – Geistes-Zustände zu erkennen, um nicht lange mit Dispensirungen vom Amt, Remozionen oder Kaltwasserkuren zu operiren, sondern so rasch wie möglich den erkrankten Geist der Ruhe geschlossener Provinzjal-Anstalten zuzuführen.

Es ist nicht immer leicht, diese Leute *in foro* straks zu überführen. Mit einem Haufen verderblichen Wissens vollgepfropft, überfluten sie oft den Präsidenten mit Zitaten aus *Platons* »Gastmahl«, oder den *Upanishads*, so dass diesem ganz schwül zu Mute werden kann. Diese Leute glauben wahrhaftig, weil es einen *Muzius Skävola* oder *Wilhelm Tell* gegeben habe, oder weil *Schiller* die »Räuber« geschrieben hat, sei ihnen Alles zu denken erlaubt.[32] In solchem Fall wird

---

[32] Es ist nebenbei gesagt ein Unfug, den jungen Leuten auf Gimnasien und humanistischen Lehranstalten, zu einer Zeit, wo die jugendliche Psiche sich so aufnahmefähig und sugerirbar zeigt, Erzählungen wie die von Muzius Skävola u. dgl. ohne jeden Komentar – ohne die Erläuterung: dass man sich nur zu Gunsten des von Gott eingesezten Landesfürsten die Finger verbrennen dürfe – nicht für die Republik! – lesen zu lassen. Bei diesen Leuten muss später, wenn sie Beamte geworden sind, eine gewisse Verwirrung eintreten. Es wäre doch wahrhaftig für diese jungen Leute besser, wenn sie irgend ein tüchtiges, mustergültiges Geschichts-Buch, etwa Professor Oncken's »Geschichte des grossen Heldenkaisers« in solchem Falle lesen würden. Von Schiller's Prosa solle grundsäzlich aus der Zeit vor dessen Wendung zum Ewig-Sitlichen – also etwa vor 1790 – Nichts auf die Schule kommen. Eine Nazion, bei der Schiller's

der Vorsizende alles unnötige Dozenten-Geschwäz, welches sich nicht unter einem Strafgesezbuch-Paragrafen subsumiren lässt, einfach ablehnen, und die monarchische Herzens- oder Gesinnungs-Probe mit dem Angeklagten anstellen. Bei bekanter Kriegervereinslosigkeit, bei bekanter Reserveoffizierslosigkeit, bei mangelndem Hurrahrufs-Entusiasmus, der sich aus dem Vorleben des Bezichtigten mit Hülfe der Lokal-Polizei-Behörde leicht feststellen lassen kann, wird man bald dem Stand der Dinge und der Seele auf den Grund sehen. Ist man einmal bei dem Vorgeführten über die mangelnde monarchische Gliederung der Zerebral-Ganglien, als des für ihn gegebenen Denk-Substrats, sich im Klaren, dann geht man direkt auf sein Ziel los. Irgend etwas ist bei diesen Leuten immer schief – mögen sie sich auch sonst im Kreuz-Verhör tapfer halten. Entweder sie sind schlecht gekämt, oder der Scheitel sizt schief, entweder die Röke sind ausgefranzt, oder die Rok-Knöpfe sind abgegriffen – oder gar abgedreht (bei deutschen Professoren sehr beliebt) – die Brillengläser sind ungleich geschliffen und der Blik hat jene infame Konvergenzstellung, die auf gewisse *Macchiavellismen* wie Scheidewasser wirkt, – ein Ohrläppchen ist angewachsen, oder die *Schiller*-Nase sizt, wie ihrem Ur-Eigner, schief im Gesicht – *Lombroso* hat eine Menge solcher Simptome für diese Fälle angegeben – irgend ein antimonarchisches Degenerazjons-Zeichen wird sich bei der Menge von Möglichkeiten immer finden. Und geht es nicht *e re ipsa,* dann geht es *ex adjuvantibus.* Bei der originär sowieso gegebenen verrükten Anlage der deutschen unsterblichen Seele, von der wir Oben des Weiteren gesprochen, müsste es sonderbar zugehen, wenn sich nicht bei einem Professor, bei einem Dozenten, bei einem denkenden Proletarier, bei einem verbissenen und verbohrten Demokraten, bei einem fingerkauenden Schurnalisten und Schriftsteller, einem freisinnigen Teologen die nötige Porzjon fände, um die Bedingungen für das Zustandekommen der *psichopatia criminalis* juristisch als gegeben zu erachten, und damit die Überführung in die rettende Staats-Anstalt zu ermöglichen.

> *Beobachtung 5. Pessimistische Anwandlungen auf*
> *teologischer Basis. Wendung zur Filosofie. Megaloma-*
> *nische Uebersättigung des »Ichs« auf Hegel'scher*

»Räuber« von jeder unschuldigen Seele für 20 Pfennig gekauft werden kann, muss dem Untergang entgegengehen.

Grundlage. Schrankenloser Grössenwahn, Frühzeitige Erschöpfung, und endlich Tot (ohne Eingreifen der Regierung) *im Zustand gänzlicher Perversität.* – *Max Stirner,* 39 Jahre alt, von leidlicher Vorbildung, Sohn achtbarer, monarchisch gesinter Leute, aus dem Bayreuthischen, wurde, vielleicht in Folge des plözlichen Übergangs des Landes aus der Krone Preussens in die Bayerns, und des dadurch hervorgerufenen rapiden Wechsels in der Richtung seiner monarchischen Gesinnungen, in seinem Innersten schwer erschüttert; wenigstens datiren von diesem Zeitpunkte an die ersten Zweifel des jungen Teologen am »Dogma des Gottesgnadentum« und am »Blut des Lamms«. – Er wendet sich der Filosofie zu, wo der nun haltlos Gewordene in die radikalste Strömung der sog. Hegel'schen Linken gerät. Er veröffentlicht ein filosofisches Opus, das heute gänzlich vergessen ist und dessen Titel selbst uns momentan entfallen ist. *Stirner* bietet das flagranteste Beispiel jener Vorstellungskrankheiten, die *Schüle* so präzis als »*Förderung der Ich-Gruppe*«, »Erweiterung des persönlichen Ichs« bezeichnet. Da finden sich Wendungen wie:

»Ich leite alles Recht und alle Berechtigung aus *Mir* her; Ich bin zu allem *berechtigt*, dessen ich mächtig bin. Ich bin berechtigt, Zeus, Jehova, Gott u.s.w. (»und so weiter«!) zu stürzen, wenn ich's kann....

»Ich gebe oder nehme mir das Recht aus eigener Machtvollkommenheit, und gegen jede Übermacht bin Ich der unbussfertigste Verbrecher. Eigner und Schöpfer meines Rechts – erkenne ich keine andere Rechtsquelle als – Mich, weder Gott, noch den Staat, noch die Natur, noch auch den Menschen selbst mit seinen ›ewigen Menschenrechten‹ ....

»Das Göttliche ist Gottes Sache, das Menschliche Sache ›des Menschen‹. Meine Sache ist weder das

Göttliche noch das Menschliche, ist nicht das Wahre, Gute, Rechte, Freie etc. (» *et cetera*«!! –) sondern allein das *Meinige,* und sie ist keine Allgemeine, sondern ist – *einzig,* wie ich einzig bin. – Mir geht nichts über Mich.«[33] –

Dieser Wahnsinnige schrieb SICH gross und meinte sogar, die Gedanken,»die so umherflögen, seien nicht vogelfrei, sondern seien *seine* Gedanken«. – Es ist klar, dass bei solcher Erweiterung des Untertanen-Ichs der Monarch und seine heiligen Rechte zu kurz kommen müssen. – Irrenhäuser gab es für solche Leute damals noch nicht, und die psichjatrische Forschung war damals noch bei Weitem nicht genügend vorgeschritten, um zu erkennen, dass dieser ganze sogenante linke Flügel der Hegel'schen Schule viel besser gleich von Anfang an als Annex zu einer tüchtig geleiteten Provinzial-Irrenanstalt ausgebaut worden wäre. Man liess diese Leute, wie *Bruno* und *Edgar Bauer, Arnold Rüge, David Friedrich Strauss* u.a. aus lauter falschem Respekt vor sog. Filosofie oder»Gedankenfreiheit«, wie das heisst, ihre radikalen Gedichte und majestätsverbrecherischen Gefühle offen dem Volke zeigen. Ja, Stirner war sogar eine Zeit lang Lehrer an einer Töchterschule und durfte diesen später für den Hof zum Teil bestirnten süssen Geschöpfchen den Samen respektwidriger Empfindungen in die Seele pflanzen. Doch zulezt erlosch der Vulkan von selbst. Und ein trauriges Schlakenmeer perverser Ich-Erweiterungen und erkalteter Majestäts-Gedanken-Verbrechen traf der Tot an, als er die von keinem Adler-Orden geschmükte Leiche des frechen Denkers am 26. Juni 1856 in Berlin berührte.

---

[33] Siehe das vor einem halben Jahrhundert viel gelesene und angestaunte Buch Stirner's – der Titel fält mir momentan nicht ein –; auch es ist für 20 Pfennig in der Reklam-Bibliotek zu haben!!! –

Die Zahl kranker Denker aus den dreissiger und vierziger Jahren, wie wir soeben schon einige nanten, mit denen sich der Staat mangels ordentlicher Irrenhäuser in Festungen und unter dem Galgen herumschlagen musste, ist ausserordentlich gross. Es finden sich die »glänzendsten« Namen darunter. Das heisst: die Namen und ihre Träger wurden in den Augen des Publikums »glänzend«, und erschienen als Leuchten des Gedankens, weil der Staat deren verbrecherisches Denken nicht zur rechten Zeit abschnitt. Denn eine einmal durch Anstekung in das Volk gedrungene und dort nachgedachte Denkfunkzjon und manifest gewordene Idee ist daselbst nicht mehr auszurotten – ausser durch Massenköpfungen – sondern besteht dort als solche, mit dem ganzen Selbverständlichkeits-Recht der Idee, als autochtone Funkzion des Gehirns. Es ist deshalb nötig, dass zunächst diejenigen, die mit solchen Gedanken-Frevlern zuerst in Berührung kommen, Ärzte, Juristen, Psichjater, Vormünder, Verwaltungsbeamte, Minister, die Anschauung aufgeben, als wäre das Denken 'was Besonderes, vor dem man Respekt haben müsse, vor dem man Halt machen müsse, oder das man etwa auf seine Uneigennüzigkeit oder seinen idealen Charakter zu untersuchen habe. Nichts von Alle dem! Gedanken sind wie Raupenhelme, oder Uniformstüke; man schaft sie ab, oder verbietet sie, oder färbt sie. Man teilt die Gedanken ein in Untertanen-Gedanken und Herrscher-Gedanken; und gibt Jedem die Gedanken, die seinem Stand angemessen sind. Findet sich, dass ein Einzelner, der sich speziell mit Denken abgibt, Herrscher-Gedanken in sich nährt (während er Untertan ist), und solche im Volke bei seinesgleichen verbreiten will, so leidet er offenkundig an »erweitertem Ich« (Schüle). Er ist dann in jedem Fall zunächst zu observiren. Findet sich, dass seine Krankheit bis zum »Sprung in's Objektive«, bis zur »Objektivirung seiner Innerlichkeit in der Aussenwelt« (Schüle) fortgeschritten ist, und hat dieselbe antimonarchischen, auf den Umsturz des bestehenden »Dogmas des Gottesgnadentums der deutschen Fürsten (*inclusive* Lichtenstein)« gerichteten Charakter, so ist die *psichopatia criminalis* manifest. Es kann dann unter keinen Umständen ferner gestattet werden, – soll das Volk nicht tiefen sitlichen Schaden leiden – dass der Betreffende ruhig weiter seine Bücher schreibe und publizire. Er ist – heisse er nun *Kant, Lassalle* oder *Bruno Bauer* – in einer fürsorglich geleiteten Staats-Irren-Anstalt in temperirte Wan-

nenbäder zu versezen, und dort während der Dauer der bestehenden Regierungsform festzuhalten[34] .

---

[34] Siehe, was wir darüber im ersten Abschnitt gesagt haben.

Schlusswort.

Ich kann wol kaum erwarten, dass die hier vorgetragenen, gänzlich neuen Gesichtspunkte allzurasch bei den hohen Regierungen und bei den verehrten Fachkollegen Eingang finden werden. Das wirklich Neue muss sich ja immer auf bestimte Widerstände gefasst machen. Und – was haben wir uns in den lezten zehn Jahren nicht für neue Krankheiten, neue Bazillen und neue Serum-Terapieen zumuten lassen müssen! So werde auch ich mit der Möglichkeit rechnen müssen, dass meine grundlegenden Ideen vielfachem Zweifel, vielleicht sogar spöttischem Achselzuken begegnen werden. Besonders nazjonalliberale Psichjater werden mir vielleicht entgegnen, dass für bestimte Ideen und Ideengruppen doch auch die Möglichkeit einer Inizjative im Volk, in den beherrschten Massen, als gegeben zu erachten sei. Ich will auf diesen Einwurf jezt nicht antworten. Ich vermag nicht an seine Berechtigung zu glauben. Jedenfalls könte er mich nicht hindern, auf eine Krankheit, als eine Spezjalform, aufmerksam zu machen, die seit mindestens 100 Jahren bei uns im Abendland besteht und immer grössere Dimensjonen anzunehmen droht.

Dass diese Neuform psichischer Entartung aus dem Sammelsurium politischer Vertraktheiten und revoluzjonärer Allüren als Tipus jezt endlich herausgeschält werden muss, das ist für mich das Postulat einer wissenschaftlichen Überzeugung und das Resultat vieljährigen, emsigen Studiums und genauer Beobachtung der Zeitläufte. Es komt ja so oft vor, dass man die manigfachsten Simtome für lange Zeit, für Jahrhunderte, zusammenwirft, sie vermengt, weil es noch an Schärfe der Sinne, an der nötigen Distinkzjons-Gabe fehlt, vor Allem, weil die Krankheit noch nicht so häufig aufgetreten ist. Ich erinnere an die allgemeine Paralise der Irren, an die *tabes dorsalis*, die spastische Spinalparalise, die Neurastenie, die multiple Sklerose, gewisse Augenkrankheiten, die alle erst im Laufe dieses Jahrhunderts als solche erkant wurden; bis eine Krankheit sich häufiger zeigt und gewisse Simptome sich immer wieder zusammenfinden, und nun plözlich der Tipus klar heraustritt und sich offenbart.

So mit der *psichopatia criminalis*. Sie ist eine verbrecherische Vernunft-Form, eine Art Influenza des Denkens, welche früher nur in einzelnen Köpfen hauste, sich in Singular-Erscheinungen, wie *Arnold von Brescia*, dem Abt *Joachim, Savonarola*, dem *Pfeifer von Nicklashausen* u.a. manifesirte, oder in kleineren sektirerischen Epidemien, wie den *Waldensern*, den *Begharden*, den *Taboriten* u.a. ihren Ausdruk fand. Die Leute meinten, *ihr* Denken sei *das* Denken, sei *das* Leben und sei allgemeingültig. – Doch da die Krankheit nicht weiter um sich griff, und die patogenen Keime in den Köpfen der Gehenkten – oder, noch vorsichtiger: der Verbranten – erstarben, so wurden die Simptome immer noch vielfach übersehen. Erst mit dem sechzehnten Jahrhundert zeigte sich in Deutschland ein neuer Nachschub, dann in England im achtzehnten, und schliesslich zu Ende des vorigen Jahrhunderts in Frankreich, ein derartiges Anwachsen der Epidemie, dass nun die Ärzte genötigt waren, sich genauer mit den Erscheinungen zu befassen, ihre Ätiologie zu studiren und den *Tipus* derselben festzustellen.

Im Mittelalter wäre es z.B. keinem Menschen eingefallen, das freie Verfügungsrecht des von Gott eingesezten Fürsten über Leib, Leben und *Gedanken* seiner Untertanen anzuzweifeln.[35] Einzelne verirte Geister, wo sie vorkamen, wurden rasch hingerichtet und entfernt. Als aber vor 200 Jahren die englischen *free-thinkers*, die Frei-Denker in England – » *Frei*-Denker«, welches Wort!! – ihre feindliche Geistestätigkeit begannen, genauer: als man im Abendlande erkante, dass Fürsten im Hinblik auf ihre Gedankengebilde wirklich abgeschaft, nämlich geköpft werden können, also seit der Hinrichtung Karl's I. von England, verdichteten sich diese dissoluten, aufrührerischen Meinungen zu der Tese: als gäbe es »Menschenrechte« – soll heissen: Untertanenrechte – neben den Fürstenrechten. Ein ganz wahnhaftes, luftiges Gedankengebilde; das Resultat jener englischen und französischen Denker und entgleisten Gesellen, die nicht rechtzeitig in ein *lunatic asylum*, oder in die *Bastille*, gebracht wurden, oder wenn sie dahin kamen, nicht festgehalten wurden.

Es ist das Verdienst der heutigen Psichjatrie und der wissenschaftlichen Untersuchungen über Sugestjon und psichische Antekungen, erkant zu haben, auf welchen Bedingungen das Weiterfres-

---

[35] Siehe den bekanten Grundsaz im Hinblik auf religiöse Anschauung: »cujus regio, ejus religio.« –

sen und Umsichgreifen krankhafter, antimonarchischer Gedanken-gebilde beruht; und dass es nur des rechtzeitigen Eingreifens des Arztes und der amtlichen Behörde bedarf, um die den deutschen Fürstenhäusern drohenden Gefahren und ungünstigen Gedanken-Konklomerate aus der Welt zu schaffen.

Somit steht denn der Tipus der *psichopatia criminalis* heute klar und unverrükbar fest.

Sie erscheint unter den mannigfachsten Simptomen, die wir hier unter den landläufigen, weil leichter verständlichen, Krankheits-formen: *mania, melancholia,* Gehirnerweichung, Verrüktheit, zur Darstellung gebracht haben. Und besonders unter dem Bild der *paranoia* entwikeln sich vielfach die Krankheitssimptome dieser kriminellen Psichose.

Man möge sich nicht durch den luftigen, hauchartigen Charakter, der überhaupt den Äusserungen der Psiche innewohnt, über die grosse Virulität der in Rede stehenden Keime täuschen lassen. Die Gefahr ist da. Sie ist iminent. Und bei dem stets fortschreitenden Prozess der politischen Gehirn-Erkrankungen im Abendlande wird es sich bald deutlicher herausstellen, dass wir hier vor einer der gefährlichsten und folgereichsten Massen-Epidemien stehen, und es Zeit ist, den Monarchen zuzurufen: »*Fürsten Europa's, wahret Eure heiligsten Güter!*«

 **tredition**®

Über tredition

Eigenes Buch veröffentlichen

tredition wurde 2006 in Hamburg gegründet und hat seither mehrere tausend Buchtitel veröffentlicht. Autoren veröffentlichen in wenigen leichten Schritten gedruckte Bücher, e-Books und audio-Books. tredition hat das Ziel, die beste und fairste Veröffentlichungsmöglichkeit für Autoren zu bieten.

tredition wurde mit der Erkenntnis gegründet, dass nur etwa jedes 200. bei Verlagen eingereichte Manuskript veröffentlicht wird. Dabei hat jedes Buch seinen Markt, also seine Leser. tredition sorgt dafür, dass für jedes Buch die Leserschaft auch erreicht wird.

Im einzigartigen Literatur-Netzwerk von tredition bieten zahlreiche Literatur-Partner (das sind Lektoren, Übersetzer, Hörbuchsprecher und Illustratoren) ihre Dienstleistung an, um Manuskripte zu verbessern oder die Vielfalt zu erhöhen. Autoren vereinbaren direkt mit den Literatur-Partnern die Konditionen ihrer Zusammenarbeit und partizipieren gemeinsam am Erfolg des Buches.

Das gesamte Verlagsprogramm von tredition ist bei allen stationären Buchhandlungen und Online-Buchhändlern wie z. B. Amazon erhältlich. e-Books stehen bei den führenden Online-Portalen (z. B. iBookstore von Apple oder Kindle von Amazon) zum Verkauf.

Einfach leicht ein Buch veröffentlichen: **www.tredition.de**

Eigene Buchreihe oder eigenen Verlag gründen

Seit 2009 bietet tredition sein Verlagskonzept auch als sogenanntes "White-Label" an. Das bedeutet, dass andere Unternehmen, Institutionen und Personen risikofrei und unkompliziert selbst zum Herausgeber von Büchern und Buchreihen unter eigener Marke werden können. tredition übernimmt dabei das komplette Herstellungs- und Distributionsrisiko.

Zahlreiche Zeitschriften-, Zeitungs- und Buchverlage, Universitäten, Forschungseinrichtungen u.v.m. nutzen diese Dienstleistung von tredition, um unter eigener Marke ohne Risiko Bücher zu verlegen.

Alle Informationen im Internet: **www.tredition.de/fuer-verlage**

tredition wurde mit mehreren Innovationspreisen ausgezeichnet, u. a. mit dem Webfuture Award und dem Innovationspreis der Buch Digitale.

tredition ist Mitglied im Börsenverein des Deutschen Buchhandels.

Dieses Werk elektronisch lesen

Dieses Werk ist Teil der Gutenberg-DE Edition DVD. Diese enthält das komplette Archiv des Projekt Gutenberg-DE. Die DVD ist im Internet erhältlich auf **http://gutenbergshop.abc.de**

FSC
www.fsc.org
MIX
Papier | Fördert
gute Waldnutzung
FSC® C083411

Zeitfracht Medien GmbH
Ferdinand-Jühlke-Straße 7
99095 Erfurt, Deutschland
produktsicherheit@kolibri360.de